Suleiman Samuel Cohen:
Guru Ramana:

Erinnerungen an Ramana Maharshi

aus dem Englischen übersetzt
und mit einigen Fußnoten versehen

von

Gabriele Ebert

Bibliografische Informationen der Deutschen Bibliothek

Die Deutsche Bibliothek verzeichnet diese Publikation in der Deutschen National-
bibliografie; detaillierte bibliografische Daten sind im Internet über
http://dnb.ddb.de abrufbar.

Suleiman Samuel Cohen: Guru Ramana: Erinnerungen und Notizen
1.Auflage, 2019
Titel der Originalausgabe:
Guru Ramana: Memories and Notes by S.S. Cohen
Tiruvannamalai, 9th ed., 2006
Herstellung und Verlag: BoD – Books on Demand, Norderstedt
ISBN: 978-3-7481-4066-5
Umschlaggestaltung: BoD
Fotos mit freundlicher Genehmigung des Sri Ramanashram
Printed in Germany

INHALTSVERZEICHNIS

Suleiman Samuel Cohen war Jude und stammte aus dem Irak. Von Beruf war er Buchhalter. Cohen kam in seiner frühen Jugend nach Indien und ließ sich dort nieder. Er arbeitete einige Jahre lang in Bombay, trat dann der Theosophischen Gesellschaft bei und lebte fünf Jahre lang in deren Hauptniederlassung in Adyar, Madras.

Während dieser Zeit hörte Cohen von Sri Ramana Maharshi. Er kam mit der Absicht zum Sri Ramanashram, vierzehn Tage zu bleiben, und blieb vierzehn Jahre, von 1936 bis zum Tod des Maharshi 1950. Er war einer der vielen treuen Devotees, die in Palakothu, einer Sadhu-Kolonie neben dem Ashram, lebten.

Cohen war gesegnet, da er eine Versicherung Bhagavans erhielt. Nach der Zeremonie der Hauseinweihung für die Hütte, die er in Palakothu hatte bauen lassen, bat er den Maharshi: „Bhagavan, du hast meinem Körper ein Zuhause gegeben. Jetzt brauche ich deine Gnade, damit mir die ewige Heimat für meine Seele gewährt wird, weswegen ich alle menschlichen Bande zerschnitten habe und hierhergekommen bin." Bhagavan blieb im Schatten eines Baumes stehen, sah einige Sekunden lang schweigend auf das stille Wasser des Wasserspeichers und antwortete: „Deine feste Überzeugung hat dich hierhergeführt. Wo ist noch Raum für Zweifel?"

Cohen blieb auch einige Jahre nach dem *Mahanirvana* des Maharshi in Tiruvannamalai. Danach zog er sich zu einem stillen Leben nach Vellore zurück. Er starb im Mai 1980. Sein *Samadhi* (Grab) liegt auf dem Ashram-Gelände.

Cohens große Kenntnis von Bhagavans Lehre und seine standhafte Hingabe inspirierten ihn, über seinen Meister zu schreiben. Seine Erinnerungen sind außergewöhnlich, und seine Erklärung der Lehre Bhagavans ist erhellend. Seine Schriften haben Generationen von Devotees in ihrer Suche inspiriert. Sein Büchlein ‚Residual Reminiscences' (Letzte Erinnerungen) wurde in dieses Buch aufgenommen und wird dazu dienen, den Maharshi dem Herzen des Lesers näher zu bringen.[1]

---

[1] Text des Buchcovers der übersetzten englischen Ausgabe. Näheres zu S.S. Cohen s.: Ebert: Ramana Maharshi und seine Schüler, Band 2, S. 211-223

6

VORWORT DES PRÄSIDENTEN DES RAMANASHRAM

Wir schätzen uns glücklich, die 8. Auflage dieses wertvollen und bewegenden Buches von S.S. Cohen herauszubringen. Er war ein treuer Devotee, der das Privileg besaß, den Meister zu begleiten. Er konnte ihn aus der Nähe beobachten, seine Gnade erfahren, seine Lehre im richtigen Licht studieren und sie aufzeichnen.

In dieser Ausgabe von ‚Guru Ramana' haben wir sein Büchlein ‚Residual Reminiscences' (Letzte Erinnerungen an Ramana Maharshi) eingefügt, Erinnerungen, die nicht weniger inspirierend sind und bis jetzt als eigenes Buch veröffentlicht waren.

Wir hoffen, dass spirituell Übende dieses Buch interessant und nützlich auf ihrem Weg finden.

V.S. Ramanan, Sri Ramanashram, Tiruvannamalai

Dieses Buch enthält, wie sein Untertitel bereits andeutet, einige meiner Erinnerungen wie auch die Notizen, die ich während meines langen Aufenthalts im Ramanashram hin und wieder aufgeschrieben habe. Die Erinnerungen an meine enge Verbindung mit dem berühmten Meister Sri Ramana Maharshi, die mehr als vierzehn Jahre andauerte, sind zwar umfangreich, aber das meiste davon ist spiritueller Natur und muss unausgesprochen bleiben.

Teil I enthält diese Erinnerungen – meinen ersten Eindruck vom Meister, seinen spirituellen Einfluss auf seine Schüler, die Vorfälle im Ashram, einige autobiografische Reflexionen und Episoden und anderes.

Teil II enthält Auszüge aus meinen Notizbüchern, in die ich immer wieder die englische Übersetzung der Antworten des Meisters auf Fragen hineinschrieb, sobald sie gegeben wurden. Sie beinhalten so gut wie alle Fragen, die der Anfänger sich stellt und die ihm von mir oder anderen in meiner Anwesenheit gestellt worden sind.

Teil III ist das Tagebuch, das ich in den letzten beiden Lebensjahren des Meisters geführt habe. Es beschreibt besonders das Ende seines irdischen Lebens als ein berühmtes Mitglied der göttlichen Gruppe der *rishis* (Weisen), die tausende von Jahren dieses Land durch ihre Gegenwart und sublime Lehre des Absoluten geheiligt haben. Sucher, gleichgültig welcher Kaste, Religion, Rasse oder Hautfarbe sie angehörten, haben in ihm das Ideal eines vollkommenen Meisters gefunden. Mit der kristallklaren Vernunft Gaudapadas und Shankaras und der friedvollen, unerschütterlichen Hingabe (*parabhakti*) an die höchste Suche, besonders an die vedantischen Lehrer und den Weg des *jnana*, befriedigte er beides, Verstand und Herz. Vor allem aber ging von ihm beständig Reinheit und Liebe aus, die ihren gütigen Einfluss auf alle um ihn her verströmte. Dies rechtfertigt seine Anrede mit „Bhagavan", die er von seinen frühen Verehrern wegen seines unerbittlichen *tapas* und seiner Erkenntnis des Absoluten, die er in diesem zarten Alter zeigte, erhielt, als er noch ein Teenager war.

Vellore, S.S.C.

TEIL I: RÜCKBLICK

1. ANKUNFT

Frühmorgens am dritten Februar 1936 fuhr ich in einem Pferdewagen die unebene, vier Kilometer lange Straße vom Bahnhof in Tiruvannamalai zum Ramanashram. Ich hatte zwei schlaflose Nächte im Zug aus Bombay verbracht und war körperlich und geistig erschöpft. Mir schwirrte der Kopf, und ich war durcheinander. Ich hoffte, im Ashram ausruhen zu können, doch als ich endlich dort ankam, war niemand zu sehen.

Schließlich erschien ein korpulenter Mann mit einem gewaltigen Kopf, dessen Lippen vom ständigen Betel-Kauen purpurrot waren. Er war, wie ich später erfuhr, „der offizielle Berater" im Ashram, der auch manchmal die Aufgaben des *Sarvadhikari* (Ashram-Verwalters) übernahm. Er rief: „Du bist Herr Cohen? Komm schnell mit mir, bevor der Maharshi spazieren geht." Ich folgte ihm, äußerst erpicht darauf, den großen Weisen zu sehen, der mich seit drei langen Monaten Tag und Nacht verfolgte. Man brachte mich zu einem kleinen Speisesaal und bat mich, vor der Tür meine Schuhe auszuziehen. Als ich versuchte, sie aufzubinden, fiel mein Blick auf einen gutaussehenden Mann. Er war in mittleren Jahren, trug nur ein Lendentuch (*koupina*), und seine Augen strahlten kühl wie der Mondschein. Er saß auf dem Boden, mit einem Blattteller vor sich, das fast leer war, und hieß mich mit freundlichem Nicken und dem süßesten Lächeln, das man sich vorstellen kann, willkommen.

Es war der Maharshi. Mein vernebelter Geist wurde noch verwirrter, als ich mich beeilte einzutreten. Aber der Schuhbändel ging nicht auf. Ich zog daran und riss ihn ab. Mein Führer erschien wieder und sagte: „Wenn du Obst mitgebracht hast, dann bring es jetzt." „Es ist in meinem Koffer", antwortete ich und fingerte in meiner Jackentasche nach den Schlüsseln. Aber der Schlüsselbund war verschwunden. Ich hatte ihn im Zug oder am Bahnhof verloren. Ich wusste nicht wo, da ich mich beeilt hatte, zum Ashram zu kommen. Ich sagte ihm das, vergaß es dann aber sofort wieder und ging hinein.

Damals war es Sitte im Ashram, den Neuankömmling damit zu ehren, indem ihm bei seiner ersten Mahlzeit ein Platz direkt dem Maharshi gegenüber, nur etwas über einem Meter von ihm entfernt, angewiesen wurde. Mein Blattteller wurde dorthin gelegt. Darauf befanden sich zwei Reiskuchen. Ich beachtete sie nicht, obwohl meine Finger nach ihnen griffen. Ich hatte meine ganze Aufmerksamkeit auf das friedvolle Antlitz von Sri Bhagavan gerichtet. Er war bereits mit dem Essen fertig und rollte langsam ein Betelblatt zusammen, um es zu kauen, als wollte er mir etwas länger seine Gesellschaft schenken. Da kam ein Mann aus der hinteren Tür, die zu der kleinen Küche führte, und sagte leise etwas in Tamil zu ihm, wovon ich nur ein Wort verstand, nämlich „Schlüssel". Der Maharshi stand auf, blickte mich zum Abschied an und verließ den Raum.

Ich schlang hastig einen halben Reiskuchen hinunter, trank die Tasse Tee und ging hinaus, um das Zimmer aufzusuchen, wohin mein Gepäck gebracht worden war. Ich konnte mich nicht frisch machen oder meine Kleider wechseln, denn alles war in meinem Koffer eingeschlossen. Ich war in großer Verlegenheit und dachte bereits darüber nach, den Koffer aufzubrechen, als jemand sagte, Sri Maharshi käme in die *Dharshan*-Halle. Ich vergaß es und hastete mit dem Hut auf dem Kopf und in meinem Anzug in die Halle. Hinter mir kam die große, beeindruckende Gestalt des Maharshi mit leisen, aber festen Schritten herein.

Ich war mit ihm alleine in der Halle. Freude und Friede durchdrangen mein Sein. Ich habe mich nie in der bloßen Nähe eines Menschen so rein und gut gefühlt. Mein Geist versank in tiefer Kontemplation über ihn. Ich sah ihn nicht als den Körper, obwohl er hervorragend gestaltet war, sondern als das unsubstanzielle Prinzip, das trotz des Hindernisses eines schweren, materiellen Mediums so tiefgründig empfunden werden konnte.

Als ich mir nach einer Weile meiner Umgebung wieder bewusst wurde, sah ich, dass er mich mit seinen großen, durchdringenden Augen anblickte, mit einem Lächeln, das durch seine kindliche Unschuld so beruhigend wirkte.

Plötzlich spürte ich, wie mir etwas in den Schoß fiel, und hörte das Klimpern von Schlüsseln – meiner Schlüssel! Ich schaute den Maharshi verblüfft an. Sri Ramaswami Pillai, der Mann, der sie in meinen Schoß geworfen hatte, war zur Tür hinter mir hereingekommen und erklärte, er sei zum Bahnhof geradelt. Der Stationsvorsteher hatte bereits auf ihn gewartet. Anscheinend hatte in den wenigen Minuten, die der Zug Aufenthalt gehabt hatte, glücklicherweise ein Reisender das Abteil, in dem ich gesessen war, betreten und meine Schlüssel auf dem Sitz liegen sehen, sie genommen und war – was für ein Wunder – zum Stationsvorsteher gerannt und hat sie ihm gegeben. Letzterer hatte vermutet, dass sie dem Besucher des Ashrams gehörten, den er in der Früh hatte aussteigen sehen, und hatte darauf gewartet, dass sie abgeholt wurden.

In kaum neunzig Minuten war eine Reihe von Wundern für mich geschehen, die mir nicht bewusst gewesen waren, während ich in die hinreißende Persönlichkeit dieses großen menschlichen Magneten, Sri Ramana Bhagavan, vertieft gewesen war. Es braucht nicht erwähnt zu werden, dass seit diesem Tag der Ramanashram zu meiner beständigen Heimat wurde.

Die Tage wurden zu Wochen, die Wochen zu Monaten, und der Fremde wartete ungeduldig auf die große Erfahrung. Jeder Tag war der Tag und jeder Augenblick der Augenblick. Der Inder ist nie in Eile. Er weiß, was er zu tun hat, schaut sehnsüchtig nach vorn und macht mit unerschütterlicher Zuversicht mit seiner Übung weiter. Aber der Fremde, der gewohnt ist, nach einem Zeitplan zu arbeiten, legt die Stunde und das Datum fest, als handele es sich um eine Unterredung. Wenn die Uhr schlägt, legt er sich seinen Meditationsgurt um, sitzt unbeweglich da, schließt die Augen und wartet auf die Unterredung. Wenn die Uhr wiederum schlägt, öffnet er die Augen, löst den Gurt, steht auf und verschiebt seine Hoffnung auf den Abend oder den nächsten Morgen, und so macht er immer weiter.

Nachdem auf diese Weise viele Monate verflossen waren und nichts Überraschendes geschah, schrie er aus Leibeskräften: „Oh Herr, wie lange wird es noch dauern?" Aber siehe da, was war mit ihm geschehen! Er blickte auf sein altes Selbst zurück und dann auf sein jetziges – gütiger Gott, welche Veränderung! Und er staunte, was in den sechs kurzen Monaten hatte geschehen können. Dann dämmerte ihm das große Geheimnis – der geheime Einfluss des heiligen Mannes, in dessen strahlendem Meer er täglich gebadet hatte. Die Unterredung fand schließlich doch statt, obwohl sich der Fremde dessen nicht gewahr war.

3. VANAPRASTHA – DER WALD
ODER DAS ASHRAMLEBEN

So begann das *Vanaprashta* des Pilgers (die dritte Lebensphase der Entsagung). Der Geist des *Vanaprashta* schlich sich allmählich in seine hungrige Seele. Für den Körper war das neue Leben hart und die Veränderung drastisch. Ein Lichtblick war, dass es im Ramanashram, anders als in anderen Ashrams, keinerlei Zwang gab. Es gab kein Programm, das man einhalten musste, keine Treffen, Studierklassen oder *bhajans*, denen man beiwohnen musste, sodass dem Körper der zusätzliche Stress, jeden morgen früh aufzustehen oder zu einer unpassenden Zeit an einem bestimmten Ort erscheinen zu müssen, erspart blieb. Bhagavan war der liberalste Guru. Er dachte nie darüber nach, Regeln und Vorschriften einzuführen, um das Leben seiner Schüler zu kontrollieren. Auch glaubte er nicht an eine allgemeine, aufgezwungene Disziplin, denn er selbst hatte das Höchste ohne das alles erlangt. Er hatte die offensichtliche Wahrheit entdeckt und selbst erfahren, dass zur rechten Zeit die Verwirklichung von innen als freier Impuls hochkommt wie das Knospen und Erblühen einer Blume.

Obwohl es stimmt, dass nicht alle Sucher so reif wie Bhagavan sind, als die Flut der Verwirklichung ihn plötzlich mit siebzehn überkam, und deshalb eine Disziplin brauchen, um das planlose Leben in der Welt, an das sie gewohnt sind, in das von selbstkontrollierten Yogis zu verändern, so kann doch die Disziplin, die von außen auferlegt wird, weder das erwünschte Ergebnis bringen noch andauern. Die Disziplin, von der man weiß, dass sie nicht scheitern wird, ist die, die man sich selbst auferlegt hat, die für einen gedacht ist und die aufgrund eines inneren Drangs des erwachten Verstandes gern geübt wird. Deshalb ließ Bhagavan seinen Schülern alle Freiheit, ihr Leben zu gestalten so gut sie konnten. Diese physische Freiheit half mir beträchtlich über die Schwierigkeiten der ersten Monate meines neuen Lebens hinweg.

Den ganzen Februar 1936 lebte ich in einem völlig leeren Zimmer im Ashram, mit einem Boden aus Sand und Palmzweigen als Wände und Dach. Im März begann ich, mir in der Nachbarschaft des Ashrams eine kleine Hütte zu bauen, wie es im nächsten Kapitel erzählt wird. Kaum war sie fertig, zog ich auch schon ein. Tagsüber verbrachte ich dort kaum Zeit. Mein Geist war völlig auf den Meister fixiert. So verbrachte ich meine Tage und ein Teil meiner Nächte in der Halle, wo er lebte und schlief. Ich saß still da und hörte den Gesprächen, die Besucher mit ihm führten, und seinen Antworten zu, die manchmal ins Englische übersetzt wurden, besonders wenn der Frager ein Ausländer oder Nordinder war, aber nicht immer. Seine Antworten waren frisch und süß. Sein Einfluss war alldurchdringend, sowohl wenn er schwieg als auch wenn er sprach. Für mich war das am Anfang umso stärker wahrnehmbar, da es einen Kontrast zur Hektik des Lebens bildete, dem ich soeben den Rücken gekehrt hatte – ein Leben der verlorenen Energie, der falschen Werte, der dummen Erwartungen von Idealen, die hohl und leer sind, des öden Umgangs mit Leuten, mit denen man wenig gemeinsam hat, der sozialen Regeln, die in vielen Generationen durch Selbstsucht, Konvention und Aberglaube festgeschrieben wurden, nicht zu sprechen von dem Chaos, das die Politik anrichtet, von Rang und Reichtum, von bitterer Eifersucht und Hass, der sich im Geist der Menschen vermehrt. Es ist deshalb ein kleines Wunder, dass Bhagavan für den Ernsthaften wie ein Leuchtfeuer in einer ansonsten undurchdringlichen Dunkelheit erstrahlt und ein Hafen des Friedens ist.

Bhagavan erfreute sich an der Gesundheit und Kraft der mittleren Jahre und war gut in der Lage, fast zu jeder Tageszeit den Devotees zur Verfügung zu stehen. Die Jahre 1936 bis 1938 waren sehr glücklich für uns, wenn wir uns um sein Sofa versammeln und mit ihm so vertraut wie mit einem geliebten Vater sprechen, ihm all unsere Schwierigkeiten erzählen und ihm ohne ein Hindernis unsere Briefe zeigen konnten. Ab 20 Uhr, wenn nur noch die Ashram-Bewohner da waren, saßen wir bis 22 Uhr zu einem „Familiengespräch" um ihn herum. Dann erzählte er uns Geschichten aus den *Puranas* oder den Leben der Heiligen, die Emotionen weckten, wenn er Szenen von großer *bhakti* oder große menschliche Tragödien schilderte, für die er äußerst sensibel war. Dann vergoss er Tränen, die er vergeblich zu verbergen suchte.

Einige Geschichten sind unvergesslich, wie die folgende: Kabir war ein großer Verehrer (*Bhakta*) und lebte vor einigen Jahrhunderten in oder in der Nähe von Benares. Obwohl er über übernatürliche Kräfte (*siddhis*) verfügte, verdiente er seinen Lebensunterhalt durch Weben. Als er eines Tages am Webstuhl arbeitete, kam ein aufgeregter Schüler herein und sagte: „Herr, draußen ist ein Gaukler, der eine große Menschenmenge anzieht, indem er seinen Stab in der Luft stehen lässt." Da wollte Kabir, der wie alle wahren Heiligen von der Zurschaustellung von Gaukelei abriet, den Mann beschämen und eilte mit einem großen Knäuel Faden in der Hand hinaus. Als er den langen Bambusstab in der Luft stehen sah, warf er das Knäuel hoch. Der Faden wickelte sich immer weiter ab und stand schließlich steif in der Luft. Er reichte viel höher als der Stab des Gauklers, ohne dass er gestützt wurde. Die Leute und auch der Gaukler waren verblüfft. Sri Bhagavans Augen drückten die Verblüffung aus, während er seine Hand hoch über seinen Kopf hielt in der Position von Kabirs Hand, als er das Knäuel in die Höhe warf.

Ein andermal rezitierte Bhagavan ein Gedicht von einem Vishnu-Heiligen aus dem Gedächtnis, in dem die Worte: „Umschließe mich in deiner Umarmung, oh Herr!" vorkamen. Seine Arme bildeten einen Kreis um die leere Luft vor ihm, und seine Augen glänzten, während er Seufzer unterdrückte, die unserer Wahrnehmung nicht entgingen. Es war faszinierend, ihn die jeweilige Rolle spielen und in solch beschwingter Stimmung zu sehen.

Einige Schüler und Helfer schliefen nachts auf dem Boden der Halle. Bhagavans Schlaf war sehr leicht. Er wachte wiederholt auf, und fast immer war ein Helfer in seiner Nähe wach, an den er einige Worte richtete und wieder einschlief. Ein- oder Zweimal ging er für einige Minuten hinaus, und wenn um 5 Uhr morgens die Veda-Sänger aus der Stadt kamen, fanden sie ihn völlig wach und mit gedämpfter Stimme redend vor. Dann begann das *Parayanam*, das etwas weniger als eine Stunde dauerte, währenddessen jeder still war. Bhagavan saß oft mit gekreuzten Beinen und völlig nach innen gekehrt da. Dann ging er hinaus, um zu baden, zu frühstücken und einen kleinen Spaziergang auf dem Berg zu unternehmen. Um etwa 7:30 Uhr kehrte er wieder zurück. Besucher und Verehrer kamen allmählich in die Halle, Männer, Frauen und Kinder, bis sie gegen 9 Uhr voll war. Diese morgendliche Stunde während des *Parayanam* war die beste Tageszeit für die Meditation. Die Versammlung war klein, Frauen und Kinder waren noch nicht da, es war kühl, und der Geist war noch nicht völlig aufgetaucht, um seine übliche Unruhe zu stiften.

Außerdem erstrahlte Bhagavan in der Stille seines *Samadhi*, die die Halle und die Meditation der Schüler durchdrang. Doch leider konnte ich nicht immer daran teilnehmen und auch nicht davon profitieren, wenn ich da war, da mein Geist im Nebel der Schläfrigkeit blieb. Da ich Zeit meines Lebens schlecht schlief, konnte ich nie vor 6 Uhr morgens die erforderlichen sechs Stunden Schlaf bekommen.

Eine andere Anlage, die ich nicht völlig überwinden konnte, war meine Unverträglichkeit von Lärm, von dem die Halle selten frei war. Abgesehen davon, dass jeder wie es ihm beliebte hereinkommen konnte, durfte man auch in aller Freiheit singen, was einen manchmal in einem Moment überraschte, wenn die Halle in Schweigen getaucht und die Atmosphäre förderlich für die Meditation war. Plötzlich erhob sich von irgendwo in der Halle ein Sopran und stimmte das eine oder andere Lied an oder rezitiert einen Vers in einer südindischen Sprache, gefolgt von einem Tenor oder einem anderen Sopran, oft letzteres, im Wettbewerb mit einem Artgenossen, bis Bhagavan zu seinen üblichen Zeiten die Halle verließ. Diese waren 9:45 Uhr für ein paar Minuten, 11 Uhr für das Mittagessen, gefolgt von dem mittäglichen Spaziergang in Palakothu (der *Sadhu*-Kolonie nebenan), dann um 16:45 Uhr zum abendlichen Spaziergang auf den Berg, gefolgt vom Veda *Parayanam* und um 19 Uhr vom Abendessen.

Das Beste, was ich dann tun konnte, war, in halber Kontemplation oder in einer besinnlichen Stimmung zu bleiben und meine ernsthafte Meditation für die stille Einsamkeit meines Zimmers zu reservieren. Major Chadwick, damals der einzige ausländische Ashram-Bewohner, der genau drei Monate vor mir in den Ramanashram gekommen war, wunderte sich immer darüber, wie ich überhaupt in meinem Zimmer meditieren konnte. Ich erwiderte, ich würde mich im Gegenzug wundern, wie er sich ernsthaft inmitten so vieler Störungen in der Halle konzentrieren könne. Selbst in so einer kleinen Sache wie dieser kann man beobachten, wie deutlich die individuellen Eigenarten hervortreten. Diese einsamen Stunden ergatterte ich, wenn Bhagavan unterwegs war.

An jedem zweiten Vormittag umrundete ich allein den Berg (*pradakshina*). Es war eine Wanderung von acht Meilen um den Arunachala ohne Pause, wozu ich fast genau drei Stunden brauchte. Das brachte seinen eigenen Nutzen. Zu dieser frühen Stunde war ich gewöhnlich in der Stimmung für eine Gehmeditation, besonders da ich daraus eine Gewohnheit machte. Der Nutzen, den die Regelmäßigkeit der Übung des *sadhana* brachte, kam hier völlig zum Tragen. Ein weiterer Faktor für ein erfolgreiches *pradakshina* und der bedeutendste war für mich die Entschlossenheit von Anfang an, während der dreistündigen Wanderung nicht Rückschau zu halten, nicht auf die Vergangenheit zurückzublicken. Ich konnte hierhin und dorthin schauen, aber erlaubte es nie, dass meine Erinnerung meine Stille ruinierte. Jedes Mal, wenn ich bemerkte, dass sich die Erinnerung einschlich, richtete ich meine Aufmerksamkeit sofort auf den Rhythmus meiner Schritte, bis der Geist seinen ruhigen Zustand wiedererlangte. Die teilweise Müdigkeit in der letzten Hälfte der Wanderung bewirkte von selbst die geistige Stille, ohne dass ich mich sehr anstrengen musste. Irgendwie wirkte diese Übung bei mir wunderbar.

Was die Erinnerung betrifft, müssen *sadhakas* vor ihren Tricks gewarnt werden. Nichts ist schädlicher und zerstört den Geistesfrieden mehr, der für ein erfolgreiches *sadhana* nötig ist. Es kann nicht zu oft davon abgeraten werden, in der Vergangenheit mit ihren Versuchungen, Irrtümern, Versäumnissen, Tätigkeiten, ihrem Bedauern, ihren Ängsten, Leidenschaften, Liebe und Hass, persönlichen Tragödien usw. zu verweilen. Alles ist Staub, alles ist vergänglich, selbst die scheinbar unlösbaren menschlichen Bindungen, und noch mehr Wohlstand und Ruhm, und deshalb ist es nicht wert, es auch nur für einen Augenblick zu bedauern. Nichts ist unveränderlich und bleibend, außer der natürliche Zustand des reinen Seins.

Eine weitere Störung in der Halle wurde durch das Verteilen der Opfergaben verursacht, seien es Mangos, Sultaninen, Kandiszucker, Datteln oder nur Puffreis. In dem Moment, in dem eine Opfergabe gebracht wurde, wurde sie sofort herumgereicht, nachdem sie zuerst von Bhagavan berührt und gekostet worden war, sodass derjenige, der für eine Stunde oder so in Meditation versunken war, manchmal nach dem Öffnen der Augen Stücke von Essbarem zu seinen Füßen oder in seinem Schoß fand, die darauf warteten, dass er sich darüber freute. Dieser Brauch wurde klugerweise 1938 beendet, als alle Opfergaben gesammelt und zur Essenszeit im Speisesaal verteilt oder den Gästen gegeben wurden, die das gewöhnliche Essen nicht vertrugen.

Der beständige Zustrom von Besuchern war insofern hilfreich, als er die nötige Erholung von einem andernfalls angespannten Leben ermöglichte. Zudem waren die besonderen Probleme, die die Besucher mitbrachten, eine nützliche Studie des menschlichen Geistes und seiner endlosen Krankheiten. Die Probleme des Geistes und die Umstände, die sie entstehen lassen, sind unendlich zahlreicher als die Verschiedenheit, die das physische Universum den menschlichen Sinnen präsentiert.

Wenn man die meisterliche Art, wie Bhagavan diese Probleme anpackte, beobachtete, war das an sich schon *sadhana*. Die Vernunft war die Essenz seiner Argumente. Obwohl die ultimative Antwort auf alle Fragen immer dieselbe ist, nämlich: „Finde heraus, wer du bist", begegnete er zunächst jedem Frager auf dessen Ebene und führte ihn dann langsam zur Quelle aller Probleme, dem Selbst, der Verwirklichung, die er für das Allheilmittel hielt. Die Psychologen befassen sich nur mit der Funktionsweise des Geistes, aber Bhagavan ging an die Quelle, den Geist oder das Selbst. Es war erstaunlich, dass alle Besucher gleichermaßen von ihm beeindruckt waren, manchmal sogar, ohne seine Vorstellungen begriffen zu haben. Die Leute halten Wunderkräfte (*siddhis*) als das sichere Zeichen für die Vollkommenheit. Nur wenige verstehen den subtilen Einfluss einer wahrhaft vollkommenen Person, der ohne die absichtliche Anwendung von Wunderkräften eine Veränderung der Menschen bewirkt, die mit ihm in Berührung kommen, umso mehr die echten Schüler, die er tatsächlich zu Befreiten (*muktas*) macht oder auf den Weg der Befreiung (*mukti*) bringt, wozu äußere *siddhis* völlig ungeeignet sind.

Viele derer, die das unschätzbare Privileg hatten, lange bei Bhagavan zu sein, waren Zeugen des Segens, die seine reine Gegenwart auf sie übertrug. Dies ist das höchste und wahrste *siddhi*, das *jnana* (die Erkenntnis des Selbst oder die höchste Vollkommenheit) immer begleitet.

Wenn weniger Zuhörer da waren, wurde der Meister manchmal humorvoll autobiografisch und erzählte von seinen ersten Schuljahren, seinem Leben zuhause, seinen vielen Erlebnissen auf dem Berg mit *Sadhus*, Devotees usw. Eine dieser Geschichten handelte von einem „Wunder", das er einmal im Skandashram vollbracht hatte. Eines Tages ließ seine Mutter ihn drinnen in tiefem *Samadhi* zurück, schloss ihn von außen ein und ging in die Stadt. Als sie zurückkam, fand sie ihn zu ihrer großen Überraschung unter einem Baum draußen im Garten sitzen, und die Tür war immer noch verschlossen, wie sie sie verlassen hatte. Sie war von diesem „Wunder" so beeindruckt, dass sie es jedem erzählte, den sie traf. In Wahrheit, so erzählte Bhagavan, hatte er die beiden Riegel von innen geöffnet und sie wieder von außen zugemacht, weil er es so gewohnt war.

Wiederholt sprach der Meister von seinem frühen Leben im großen A-runachaleswara-Tempel im ersten Jahr, nachdem er von Zuhause nach Tiruvannamalai entkommen war (1896). Während die Bengel ihn plagten, hatten die gebildeten Erwachsenen viel Respekt vor ihm, obwohl er noch immer ein Teenager war. Fast täglich suchten fromme Männer seine Gesellschaft an der Treppe des Subramanya-Schreins. Besonders zwei Anwälte waren beharrlich. An einem Hindufest bereiteten sie ein großes Festmahl vor und kamen, um ihn dorthin mitzunehmen, aber sein unveränderliches Schweigen zeigte, dass er ihre Einladung ablehnte. Sie hatten keine andere Möglichkeit, als Gewalt anzuwenden, was sie taten, indem sie ihre Hände verschränkten und ihn hochhoben, bis er damit einverstanden war, mit ihnen zu gehen. Bhagavan sagte, das sei das einzige Haus in Tiruvannamalai gewesen, wo er einmal gegessen habe. Ein andermal wurde er ebenfalls fortgetragen und in einen wartenden Wagen verfrachtet. Dann wurde ihm zu essen gegeben. Aber das war in keinem privaten Haus, sondern im Ishanya Math – einer ashram-ähnlichen Einrichtung für *sannyasins* einer besonderen Kaste, am nördlichen Ende der Stadt gelegen.

Dann gab es einen Bruch in meinem Leben in Tiruvannamalai. Ende 1938 spürte ich, dass ich für eine Weile fortgehen musste, wie ich es im nächsten Kapitel erzählen werde, nicht weil ich mein *sadhana* aufgeben wollte, sondern im Gegenteil, um es davor zu bewahren, als farblose, monotone Übung zu verkommen. Ich fürchtete, dass die beständige Inspiration, die für eine fortdauernde Anstrengung nötig ist, zerstört werden oder austrocknen könnte. Deshalb plante ich eine geruhsame Reise durch Südindien. Ich besuchte Tempel und blieb, je nach Laune, länger oder kürzer an heiligen Orten. Überall wurde ich gut aufgenommen. Kein Tempel schloss seine Türen vor meiner Nase, wie es bei Nicht-Hindus geschieht. Wo immer ich hinging, wirkte Bhagavans Name wie ein Zauber, besonders da ich mich von Anfang an indisch kleidete (seit 1936), bei Brahmanen wohnte und brahmanisches Essen zu mir nahm, das rein vegetarisch war. Ich hatte es sogar aufgegeben, Schuhe zu tragen, badete in hinduistischen Wasserspeichern, wohnte dem abendlichen Gottesdienst im Tempel bei und beschmierte meine Arme und Stirn mit Asche. Das erwies sich in diesem Stadium meines *sadhanas* als großer Vorteil.

Swami Ramdas

Ende 1939 war ich im Anadashram in Kanhangad an der nördlichen Küste Keralas gestrandet, den Swami Ramdas leitete. Ich hatte geplant, einige Wochen dort zu verbringen, blieb aber mehr als acht Monate.

Anandashram ist sehr schön gelegen. Im Osten dehnen sich Hügel aus, die meist grün sind von dem sintflutartigen Regen, der in beiden Monsunzeiten fällt. Im Westen gibt es unscheinbare, sanfte Hänge, die sich fast vier Meilen weit zum Meer hinunterziehen. Über die Felder sind einzelne Dorfhütten, Kokos-Haine und Tabakplantagen verstreut, dazwischen eingezwängt ein dünner Streifen einer Stadt, die viel kleiner als Tiruvannamalai ist. Weit von der Straße abgelegen genießt der Ashram eine natürliche, stille und liebliche, idyllische Einfachheit, was ihn zu dieser Zeit zu einem geeigneten Rückzugsort für mich machte.

Ich mochte den Ort, blieb und tat meine Arbeit auf meine Weise. Auch die besondere Atmosphäre des Ashrams passte zu meiner damaligen Stimmung. Nach einer Weile begann ich zu unterscheiden, wie anders dieser Ashram im Vergleich zum Ramanashram auf die Psyche wirkte. Ich war sehr darüber amüsiert, als ich herausfand, auf welche Weise Ramdas mich beeinflusste.

Meine jungenhaften Neigungen kamen wieder zum Vorschein, die mir manchmal viel Unannehmlichkeiten beschert hatten und die ich zu zügeln versucht hatte – die Schwatzhaftigkeit, die Hast im Handeln, das schnelle Temperament, die extreme Empfindlichkeit für Töne, die Perioden lähmender Schüchternheit usw. Ich hatte fünfzehn Jahre (seit 1925) in relativer Einsamkeit und Stille gelebt, aber der Anandashram lockte mich einen guten Teil der Zeit aus der Reserve zur Spontanität meiner Jugend zurück, solange ich dort war. Denn in Ramdas Gegenwart dehnte sich das Herz in Freude aus, was an Krishnas *leela* (Spiel) in Brindavan erinnert. Alles war von Freude durchdrungen: die Anhöhen, das grasende Vieh, die Gesichter um einen herum und die Luft, die man atmete – alles machte froh, alles war Ramdas RAM.[2]

Im spirituellen Leben einiger Verehrer ist unverfälschtes *bhakti* das Wichtigste, ungeachtet von Etiketten und Fachausdrücken. Anandashram war zweifelsohne davon durchdrungen, aber es war ein *bhakti*, das von Freude genährt wurde. Freude und Liebe sickerten Ramdas aus jeder Pore und steckten seine Nachbarschaft an.

Als ich im Juli 1940 in meinen Ashram zurückkehrte, war bereits der Zweite Weltkrieg ausgebrochen, und Dunkelheit hatte sich auf Herz und Geist der Menschen gesenkt. Bomben waren wie Regen auf Warschau gefallen. Polen und die Tschechoslowakei waren unterworfen worden. Millionen von unschuldigen Männern, Frauen und Kindern waren mit einer schrecklichen Absicht in Konzentrationslager gebracht worden. Die Maginot-Linie war durchbrochen worden, und Paris war der mächtigen Armee der Eindringlinge zum Opfer gefallen.

Ich hatte erwartet, Zeichen der weit verbreiteten Verwüstung im Leben des Ramanashram zu sehen, aber als ich ankam, fand ich nichts, außer überraschenderweise doppelt so viele Verehrer, die herbeiströmten. Die einzige andere physische Veränderung, die ich beobachtete, betraf den Körper des Meisters, der Zeichen des Alterns aufwies, was die Ashram-Verwaltung dazu gezwungen hatte, die Besuchszeiten am Abend zu kürzen. Am Mittag blieben die Türen der Halle zwei Stunden für seine Mittagsruhe geschlossen

---

[2] Ramdas hat ununterbrochen das Mantra "Om Sri Ram Jai Ram Jai Jai Ram" rezitiert.

– zum ersten Mal in der Geschichte des Ashrams. Zunächst erhob Bhagavan dagegen Einwände, aber bald resignierte er, da er einsah, dass es berechtigt war.

Der Besucherstrom nahm weiter zu, sodass bald die Sitzplätze rar waren und der leichte Zugang zum Meister, um ihm persönliche Angelegenheiten vorzutragen, schwierig wurde. Unter den neuen Regeln gingen Briefe und Artikel, die Verehrer geschrieben hatten, zuerst durch die Zensur des Büros, bevor sie ihm gezeigt wurden, was nicht ohne Grund geschah. Einer oder zwei Devotees hatten sich das mitleidsvolle Wesen des Meisters zunutze gemacht und ihm mehrseitige Briefe in sehr kleiner Handschrift über belanglose, oft eingebildete Schwierigkeiten in ihrer spirituellen Praxis geschrieben, deren Lektüre seine Augen eine oder zwei Stunden lang anstrengten. Er war zu gewissenhaft, um auch nur ein einziges Wort nicht zu lesen, was sie dazu ermutigte, noch längere Briefe zu schreiben, und das täglich, wobei sie sich einbildeten, dass ihre Briefe für Bhagavan von großem Interesse seien, bis das Management es unerlässlich fand zu verbieten, ihm einen Brief zu zeigen oder an ihn zu schreiben.

Ein oder zwei Jahre später entstand um den Ashram herum eine Siedlung von Devotees, von denen die meisten eine Familie hatten. Als Bhagavan schwächer wurde, wuchsen sein Einfluss und seine Anziehungskraft, sodass der Fluss der Siedler und Besucher beständig zunahm, unter ihnen weltberühmte Philosophen, Gelehrte, Politiker, Minister, Provinz-Gouverneure, Generäle, ausländische Diplomanten und Mitglieder von Auslandsmissionen. Sie alle kamen, ob Krieg oder Frieden herrschte, ob es regnete oder die Sonne schien. Der Strom schwoll immer mehr an und erreichte 1950, im letzten Jahr seines irdischen Lebens, seinen Höhepunkt. Bis zuletzt lehrte der Meister. In der ganzen Ashram-Geschichte gab es nie eine Schranke für seine mündliche spirituelle Führung, bis auf dieses letzte Jahr, als er ernsthaft bettlägerig war und die Besucher es von selbst unterließen, ihn zu belästigen.

Mit der Zeit, als der geistige Zustand des Meisters und seine Gedanken feste Wurzeln in mir schlugen, hörte ich damit auf, Fragen zu stellen oder ihn auf seinen Spaziergängen im Ashram abzufangen, wie ich es in den ersten sechs Monaten getan hatte, die ich mein *Vanaprashta*-Leben nenne, denn inzwischen hatten sich all meine spirituellen Fragen, nenne sie Probleme, wenn du magst, auf verschiedene Weise gelöst. Nach diesen sechs Monaten kam ich endgültig zu einem Entschluss, und eines Tages erzählte ich ihn Bhagavan. Er stimmte gnädig zu, indem er mit der Hand eine Geste der Endgültigkeit machte und sagte: „So viel liegt in deiner Macht. Den Rest musst du völlig dem Guru überlassen, der das Meer der Gnade und der Barmherzigkeit ist und im Herzen als das eigene Selbst des Suchers thront."

„Ich habe an dich gedacht und war in deiner Gnade gefangen. Wie eine Spinne hältst du mich in deinem Netzt gefangen, um mich zu verschlingen, wann es dir beliebt." (Aksharamanamalai von Sri Maharshi)

Die Maurer hatten am 4. April 1936 zum letzten Mal Hand an meine kleine Lehmhütte im Palakothu-Garten angelegt, und obwohl die Wände und der Kalkputz noch feucht waren, beschloss ich, am nächsten Tag einzuziehen.

Palakothu ist ein großer Garten von etwa 10 Hektar. Vor über achtzig Jahren hatte die Regierung die Fläche einer Vira-Shiva-Gemeinschaft dafür überlassen, Blumen für den großen Arunachaleswara-Tempel in Tiruvannamalai anzubauen. Palakothu liegt im westlichen Bereich des Ramanashram und besitzt einen gut erhaltenen, tiefen Wasserspeicher, der in der Regenzeit mit Wasser gefüllt ist, das von den Hügeln des heiligen Arunachala-Berges herunterströmt, und auch noch über zwei oder drei natürliche Quellen verfügt. Um die großen, jahrhundertealten Bäume dieses Gartens haben Verehrer von Sri Bhagavan Ramana seit vielen Jahren ihre kleinen Hütten gebaut, in denen zu verschiedenen Zeiten Paul Brunton, Yogi Ramiah, der Verfasser von „Self-realisation" Sri B.V. Narasimhaswami, der Tamil-Dichter Sri Muruganar Swami, der einen dicken Band von Liedern zum Lob Sri Bhagavans geschrieben hat, und viele andere lebten. Dort leben immer noch *sadhakas*. Palakothu ist der einzige bewohnte Ort innerhalb einer Meile vom Ashram. Ich wählte für meine Hütte eine einsame Stelle an der nordwestlichen Seite des Wasserspeichers am schattigen Fußweg, auf dem Sri Bhagavan immer seinen mittäglichen Spaziergang machte, sodass er während des Baus den täglichen Fortschritt der Arbeit sehen konnte, wobei er manchmal einige Worte mit den Maurern wechselte, bis ich ihm am 4. April meinen Beschluss mitteilte, ab sofort darin zu leben.

Sri Bhagavan wusste, dass ich chronisches Asthma hatte, und dachte vielleicht, es sei töricht von mir, in einer Hütte zu leben, die zwei oder drei Monate brauchte, um auszutrocknen. Ich spürte sein Zögern, bevor er wie üblich „ja" sagte, aber da ich dringend eine Unterkunft brauchte und ihn nicht einmal für einen Tag verlassen wollte, beendete ich meine Vorbereitungen für die Einweihungszeremonie, die hier als *griha-pravesham* bekannt ist. Sie sollte am nächsten Tag stattfinden.

Am 5. April versammelten sich die eingeladenen Verehrer in meiner Hütte, und um die Mittagszeit schlenderte der Maharshi selbst auf dem Rückweg von seinem üblichen Spaziergang herein. Er lehnte den Stuhl ab, den ich für ihn bereitgestellt hatte, und setzte sich wie alle anderen auf den mit einer Matte ausgelegten Boden. Nach der Zeremonie ging Bhagavan. Ich folgte ihm in einigem Abstand, wartete, bis die Devotees sich zerstreut hatten, und ging zu ihm hin. „Bhagavan", setzte ich an, „du hast meinem Körper ein Zuhause gegeben. Jetzt brauche ich deine Gnade, damit mir die ewige Heimat für meine Seele gewährt wird, weswegen ich alle menschlichen Bande zerschnitten habe und hierhergekommen bin." Er blieb im Schatten eines Baumes stehen, sah einige Sekunden lang schweigend auf das stille Wasser des Wasserspeichers und erwiderte: „Deine feste Überzeugung hat dich hierhergeführt. Wo ist noch Raum für Zweifel?" „Wo ist tatsächlich Raum für Zweifel?", dachte ich.

Drei Jahre vergingen, und der Meister kam täglich an meiner Hütte vorbei. Am Anfang nahm er auf meiner Veranda für zwei oder drei Minuten Zuflucht vor der mittäglichen Sonne, wobei ich mich kaum bemerkbar machte, um ihm keine Unannehmlichkeiten zu bereiten, bis ich eines Tages dummerweise heimlich einen Stuhl für ihn bereitstellte, was ihn dazu brachte, ein für alle Mal meine Veranda zu boykottieren. Obwohl er von unserer Verehrung für ihn wusste, war er äußerst sensibel für die kleinste Unannehmlichkeit seinetwegen wie etwa, dass man einen Stuhl für ihn bereitstellte oder erwartete, dass er täglich zu einer bestimmten Zeit kam. Er betrachtete das als eine Störung meiner Ruhepause, deshalb der Boykott.

Drei Jahre waren also seit diesem *griha-pravesham*-Tag vergangen, Jahre intensiven In-sich-gehens, der beständigen Versuche, den Geist des Meisters zu durchdringen, der Reflexionen, des Studiums, der Meditation und was nicht noch alles, Jahre extremer Anstrengung, mich den völlig neuen Lebensumständen, der physischen und psychischen Belastungen anzupassen. Zugegeben, es waren intensive Jahre, ja sie waren so intensiv, dass ich spürte, dass ich sofort gehen musste, und ich teilte das dem Meister mit.

„Bhagavan", sagte ich eines Tages in der Nähe meiner Hütte, "ich empfinde ein starkes Verlagen, auf Pilgerreise (*Yatra*) im Süden zu gehen, nach Chidambaram, Srirangam, Rameshwaram …", aber ein Blick auf Bhagavans Gesicht traf mich mit aller Gewalt. Es war, als würde er sagen: „Auf ein

Yatra! Wozu? Zweifelst du noch immer?" Ich erinnerte mich sofort an seine Worte: „Wo gibt es noch Raum für Zweifel?", und als wollte ich auf eine wörtliche Frage von ihm antworten, fuhr ich fort: „Nein, Bhagavan, ich spüre nur, dass ich für einige Monate eine Veränderung brauche, die ich in heiligen Hindu-Orten verbringen möchte." Er lächelte zustimmend und fragte mich, wann ich aufbrechen wollte und ob ich Vorkehrungen für meinen Aufenthalt an den verschiedenen Orten, die ich besuchen wollte, getroffen hatte. Sehr berührt von seiner Besorgnis sagte ich, dass ich als *Sadhu* unterwegs sein würde und darauf vertraute, dass ich irgendwo unterkam.

Drei Monate später lag ich auf einer Matte in Cape Comorin, äußerst befreit von der geistigen Anspannung, die die körperliche Gestalt des Meisters bei mir verursacht hatte. In Einsamkeit tauchte ich in Reflexionen über seine selige Stille und gefasste Ruhe ein. Die Stille seines Geistes verfolgte mich überall, wohin ich auch ging – in den schönen, edelsteingleichen Tempel der jungfräulichen Göttin, ans Ufer des unendlich blauen Meers und an die Sanddünen, in die Fischerdörfer und die sich am Ufer unendlich dahinziehenden Kokos-Haine und auf das Kap. Ich spürte seinen Einfluss in der Tiefe meiner Seele und rief: „Oh Bhagavan, wie mächtig bist du und wie großartig und alldurchdringend ist die makellose Reinheit deines Geistes! Mit welch zärtlichen Gefühlen denken wir, deine Schüler, an deine unvergleichlichen Eigenschaften, an deine Güte, an dein ernstes, verehrungswürdiges Antlitz, an dein kühles, erfrischendes Lächeln, an die Süße deiner Worte, die aus deinem Mund kommen, an das Strahlen deiner allumfassenden Liebe, an deine Gleichbehandlung aller, selbst der kranken, umherstreunenden Tiere!"

Der Einfluss von Sri Maharshi auf echte Sucher, die die Welt hinter sich lassen und sich auf dem Weg des Absoluten auf Pilgerreise begeben, ist tatsächlich groß. Denn diese Schüler berühren eine mitleidvolle Saite in seiner Seele und rufen seine großartigen spirituellen Antworten hervor.

Ein enger Freund erzählte mir einmal sein Erlebnis, wie ein kurzes Gespräch mit dem Meister bewirkte, dass er damit aufhörte, nach dem Okkulten zu streben und den Weg der Erkenntnis (*jnana*) aufnahm, den Bhagavan darlegt und der für jene, die ihm folgen, von großem Nutzen ist. Ich lasse ihn mit eigenen Worten erzählen. „An einem jener glücklichen Tage im Juli [...] beschloss ich schließlich, mit meinem verwirrten Geisteszustand zum Maharshi zu gehen, nachdem ich einige Monate im Ashram verbracht, ihm zugehört, über seine Worte reflektiert und mich mit mir selbst auseinandergesetzt hatte. Ich war seit zwölf Jahren ein eifriger Student der Theosophie und hatte Begriffe und Theorien eingesaugt, die in fast jeder Hinsicht der Lehre des Maharshi widersprachen. Theosophie und Vedanta, so entdeckte ich, gehen nebeneinander her und treffen sich nie, obwohl die Theosophie das Gegenteil behauptet. Die ‚okkulte‘ Theosophie spricht von Sphären und Ebenen, von Reisen zu den Planeten, von unsichtbaren Meistern, Hierarchien, Eingeweihten, Strahlen, übersinnlichen Einweihungen und Treffen und kaum, wenn überhaupt, von der Wirklichkeit, mit der das Vedanta und der Maharshi ausschließlich zu tun haben, vom einen Selbst, dem einen Leben, der einen Existenz. Tatsächlich werden Sucher immer wieder daran erinnert, dass okkulte Kräfte der Wahrheit, die sie suchen, völlig entgegengesetzt sind.

Ich war schließlich davon überzeugt, dass der Maharshi aus direkter, gültiger Erfahrung sprach, und entschied mich an diesem Tag, alleine mit ihm zu sprechen, bevor die Halle sich mit Verehrern füllte. Es war morgens um acht. Sri Bhagavan war soeben hereingekommen. Kaum hatte er sich auf seinen üblichen Platz hingesetzt, als ich mich seinem Sofa näherte und mich auf dem nackten Fußboden niederließ. Nur der Gehilfe war da, der das Feuer für die Räucherstäbchen am Brennen hielt und neue in den Silberständer steckte, aber er verstand kein Englisch. Nichts freute den Maharshi mehr als aufmerksam den spirituellen Schwierigkeiten seiner Verehrer zuzuhören

27

und ihnen seinen Rat zu geben. Da ich das wusste, war ich ermutigt, ihm langsam, kurz und klar in einfachem Englisch meinen Geisteszustand zu erläutern. Als ich zu Ende war, war er einige Sekunden lang nachdenklich und sagte dann in derselben Sprache nach sorgfältigem Überlegen: ‚Du hast Recht. Alle Vorurteile müssen verschwinden. Nur die Übung zeigt dir, wo die Wahrheit liegt. Halte nur an einer Form des *sadhanas* fest.'

Das war ein klarer Hinweis. Aber abgesehen von seinen Worten wurde ich plötzlich von einem überwältigenden Verlangen getrieben, mich uneingeschränkt ihm zu überlassen, damit er mich in meinem spirituellen Hunger führte, indem ich alle Methoden, denen ich früher gefolgt bin, und allen Glauben, auf den ich meine Hoffnungen gesetzt hatte, aufgab. Mein Schicksal und alles, was ich war, ging von diesem Augenblick an für immer in die heiligen Hände Sri Bhagavans über."

Aber das war nicht der einzige Fall spontaner Unterwerfung. Spirituelle Unterwerfung, so wird uns gesagt, ist kein mentaler Akt und noch viel weniger ein mündlicher, sondern das Ergebnis der Gnade, die zu ihrer Zeit und von selbst kommt, um ein automatisches Absinken dieses sich selbst behauptenden Elements im Wesen des *sadhaka* zu bewirken, das der endgültigen Verwirklichung im Weg steht. Manchmal geschieht es plötzlich, manchmal so allmählich, dass sich der Verehrer dessen gar nicht bewusst ist. Gnade, obwohl sie vom Guru durch seine reine Anwesenheit kommt, ist nicht zufällig, sondern wird völlig durch einen harten inneren Kampf verdient, durch lange Zeiten des Leidens, des Gebets, der Selbstreinigung und der intensiven Sehnsucht nach Befreiung. Leiden wendet den Geist nach innen und bringt schließlich den Schrei nach dem befreienden Licht der Wahrheit aus der Tiefe der Seele zum Vorschein und danach, dass der göttliche Lehrer erscheinen möge, der allein dazu und somit zur Erlösung führen kann.

EINLEITUNG

Die Besucher des Ashrams kommen aus allen Teilen der Welt und aus allen Gesellschaftsschichten. Die Fragen, die sie stellen, spiegeln natürlich ihre geistige Sichtweise wider, ihren religiösen und philosophischen Glauben, ihre sozialen Konzepte, ihre persönlichen Vorlieben und Ängste, ihre inneren Antriebe usw. Viele von ihnen offenbaren eine echte Sehnsucht, die Wahrheit zu kennen, ja sogar spirituellen Hunger.

In der Regel beantwortet Bhagavan liebenswürdig jede Frage vollständig, spontan und ruhig, außer die unmöglichen und die offensichtlich streitlustigen. Manche Antworten werden humorvoll vorgebracht, wenn auch die Frage humorvoll ist. Manche enthalten Wortspielereien, wenn er weltliche Fragen in spirituelle Hinweise verwandelt, was den Frager manchmal verblüfft. Aber die besten Antworten handeln vom *sadhana* und von der Yoga-Übung.

Die meisten Verehrer sind Familienväter (*grihasta*s), die weiterhin normal zuhause leben, ihren üblichen Beschäftigungen nachgehen und in ihrer Meditation seine Lehre üben so gut sie können. Fast alle legen großen Wert darauf, von Zeit zu Zeit in den Ashram zu kommen, um seinen *darshan* zu haben und ihre innere Leidenschaft an seiner göttlichen Flamme zu entfachen, was ihnen hilft, ihre Verbindung mit ihm aufrechtzuerhalten und in den Zwischenzeiten ihr geistiges Gleichgewicht zu bewahren.

Eine kleine Minderheit hat sich im Ashram oder in der Nachbarschaft niedergelassen, von denen einige im Ashram arbeiten und andere meditieren und studieren. Alle profitieren von seiner Gesellschaft. Vom Guru-*sanga* heißt es, dass es schneller hilft als das gewöhnliche *satsanga*.

Nachdem ich in Thiruvannamalai angekommen war, kam mir bald die Idee, so viele der Gespräche, denen ich beiwohnte, als möglich aufzuschreiben und sie so gut ich konnte ins Englische zu übersetzen. Bhagavan sprach immer in Tamil, außer wenn er in Telugu oder Malayalam gefragt wurde. Dann antwortete er in derselben Sprache. Die Besucher, die keine dieser südindischen Sprachen kannten, erhielten ihre Antwort durch einen Übersetzer in

Englisch. Denn obwohl der Maharshi Englisch lesen und sehr gut verstehen konnte, konnte er es nicht gut genug sprechen, da ihm die Übung darin fehlte. Ich musste nur meine ganze Aufmerksamkeit auf das Gespräch richten, es im Gedächtnis behalten und es dann wörtlich so genau wie möglich in meinem Notizbuch notieren, sobald ich in mein Zimmer zurückgekehrt war und solange es mir noch frisch in Erinnerung war. Es war seit langem verboten, in der Halle zu schreiben oder sich Notizen zu machen, außer dem Verehrer, der dazu bestimmt worden war, aber auch ihm wurde nach etwa zwei Jahren Einhalt geboten. Deshalb war es meine einzige Möglichkeit, um für mich aus erster Hand die wertvolle mündliche Lehre des Meisters zu bewahren.

Im ersten Jahr meines Aufenthalts war ich ein eifriger und genauer Frager. Ich stellte vorwiegend zur Meditationstechnik Fragen. Bhagavans Antworten schrieb ich besonders sorgfältig auf. Einige von ihnen erscheinen hier unter meinem eigenen Initial C. oder Herr C. als die des Fragers. Ich habe so weit als möglich die meisten Aufzeichnungen nach Themen sortiert und in eine chronologische Reihenfolge gebracht, wobei ich für die Annehmlichkeit des Lesers mit den amüsanten Themen beginne.

Cohen hinten in der Mitte, Major Chadwick zweiter von rechts

Die große Ehrfurcht, die Sri Bhagavan hervorruft, lässt ihn für neue Besucher zu erhaben und majestätisch erscheinen, als dass er humorvoll sein könnte. Aber bald erkennen sie, dass ein feiner Humor und Witz von der göttlichen Seligkeit ausgeht, die alle spirituellen Meister in großem Maß genießen. Ihre kosmische Sichtweise lässt sie alle Phänomene und Ereignisse als reines Spiel des Herrn – sein *leela*, sein kosmischer Tanz – betrachten, das voller Freude und Schönheit ist. Nichts steht mir ferner als jemanden zu verachten, wenn er die folgenden Dialoge aufschreibt oder sie für eine besondere Probe seines Humors hält. Sie reflektieren nur den Geist des

31

jeweiligen Besuchers, wie die ernsten Fragen den des ernsteren Besuchers reflektieren. Es ist nur recht, dass der Leser in beides einen Einblick haben kann.

1. Der an das Unpersönliche Glaubende

Dr. H., der zu einer kleinen Gruppe Amerikaner gehörte, die im Februar 1936 einige Wochen im Ashram verbracht hatte, fragte Sri Maharshi, ob es so etwas wie einen persönlichen Gott gebe.

Bhagavan: "Ja, *Ishwara*."

Dr. H. erstaunt: „Was? Hat er Augen, eine Nase, Ohren usw.?"

Bh.: Ja, wenn du sie hast, warum sollte Gott sie dann nicht auch haben?"

C.: „Wenn ich in der Kabbala und in den *Puranas* lese, dass Gott diese Organe hat, muss ich lachen."

Bh.: „Warum lachst du nicht auch über dich, dass du sie hast?"

2. Der Geschäftsmann

Einige Zeit danach kam Dr. H. allein, um einige Tage im Ashram zu verbringen. Er hatte davon gehört, dass der Berg heilig sei und dass viele körperlose *siddhas* (Heilige mit übernatürlichen Kräften) in ihren Astralkörpern auf ihm wohnen und manchmal einigen bevorzugten Personen in ihrem physischen Körper erscheinen. In der letzten Nacht seines Aufenthalts hatte er die Idee, den Berg ausgiebig zu erkunden, mit der heimlichen Hoffnung, einen von ihnen zu sehen, wie er später einem Freund bekannte. Da er nicht wusste, wie schwierig das Gelände bei Nacht ist, streifte er lange in der Dunkelheit zwischen den Felsen umher.

Sri Bhagavan, der zu dieser Zeit über die Neuankömmlinge wachte, besonders über Fremde, vermisste ihn. Als man ihm erzählte, dass er spät am Abend gesehen wurde, wie er den Berg hinaufstieg, sandte er sofort Devotees mit Gaslampen auf die Suche nach ihm. Schließlich wurde der amerikanische Freund gefunden und heruntergebracht.

Er kam erschöpft in die Halle, mit nassen Kleidern, weil es während seines Ausflugs genieselt hatte. Ein Rohrstuhl – der einzige in der Halle – stand Bhagavans Sofa gegenüber. Auf diesen Stuhl setzte er sich und begann, von seinem Abenteuer auf dem Berg zu erzählen. Nachdem er seine Geschichte beendet hatte, wandte er sich Sri Bhagavan zu und sagte naiv: „Oh Maharshi, ich wäre dir so dankbar, wenn du mir Selbstverwirklichung geben würdest!"

Bhagavan: „Eum! Eum!

Amerikaner: "Ich wäre dann wirklich sehr glücklich. Morgen gehe ich und werde immer an dich denken."

Bh. leicht kichernd: „Du wirst niemals fortgehen."

Der Amerikaner dachte, dass der Maharshi ihn mit *siddhis* zurückhalten würde, und fürchtete sich sehr. „Wie willst du mich zurückhalten? Ich werde bestimmt fortgehen. Ich habe in den Vereinigten Staaten wichtige Arbeit zu erledigen. Mein Reisepass ist fertig, und ich habe meine Überfahrt bereits gebucht. Ich habe alles für die Rückreise arrangiert. Was meinst du damit, dass ich nicht gehen werde?"

Bh. kicherte immer noch. "Du wirst niemals gehen, weil du nie gekommen bist. Es waren nur das Auto, das Schiff, der Zug usw., die sich bewegt haben. Du hast überhaupt nichts getan, außer die ganze Zeit über dazusitzen, bis du dich hier wiedergefunden hast."

Dr. H. mit einem Seufzer der Erleichterung: „Ach, so meinst du das!"

3. Der Pedant

An einem Vormittag im Sommer kam ein Tamile in mittleren Jahren in die Halle und saß dort etwa eine halbe Stunde lang. Seine Unruhe und rollenden Augen zeigten, dass ihn etwas Schwerwiegendes bewegte. Schließlich sagte er anscheinend demütig, besonders weil er sich entschloss, in Englisch zu sprechen: „Swami, wir unwissende Leute lesen so viel in der Hoffnung, eine Andeutung von der Wahrheit zu bekommen, aber je mehr wir lesen, desto mehr verschwindet die Wahrheit aus unserem Horizont. Ich habe alle westlichen Philosophen von Descartes bis Bertrand Russell gelesen. Sie bringen nichts. Auch unsere *rishis* sind nicht alle derselben Meinung. Shankara sagt: "Wiederhole beständig: 'Ich bin *Brahman*', dann wirst du zu *Brahman*.' Madhvacharya sagt, dass die Seele sich immer von *Brahman* unterscheidet. Du sagst: ,Ergründe: „Wer bin ich", und du wirst das Ziel erreichen.' Viele andere Lehrer geben zahlreiche andere Lösungen. Ist das nicht verwirrend? Welcher von euch hat Recht?"

Als der Besucher vergeblich etwa fünf Minuten gewartet hatte, fuhr er mit einer leicht erhöhten Stimmlage fort: „Swami, welchen Weg soll ich gehen?"

Bh. mit einem freundlichen Winken der Hand: „Geh den Weg, den du gekommen bist."

4. Der Missionar

Einige geschniegelte Europäer kamen eines Morgens in die Halle, verbeugten sich leicht vor Bhagavan und setzten sich in die vorderste Reihe. Ihr Führer wurde sofort als ein altgedienter Missionar erkannt, der für seine feurigen Predigten in der YMCA (Young Men's Christian Association), den christlichen Colleges und öffentlichen Hallen der Städte in Indien berühmt war. Eine der anderen war seine private Sekretärin. Der Prediger begann, eine Frage zu seinem Lieblingsthema zu stellen, um den Ball ins Rollen zu bringen. Nach einigen Antworten wies Bhagavan ihn schließlich auf das Selbst als die letzte Wirklichkeit hin, ohne zu wissen, wer der Frager war und was er im Sinn hatte. Das war für letzteren Entschuldigung genug, eine Salve von Zitaten aus der Bibel mit seinen eigenen Interpretationen loszulassen. Glücklicherweise rief ihm Major Chadwick, der um diese Zeit gewöhnlich dort meditierte, aus der anderen Ecke der Halle mit seiner schallenden Stimme eine Herausforderung entgegen, die ihn völlig überraschte. Schließlich dachte er, es sei besser, still zu sein. Bald darauf verließ er mit seiner Gruppe die Halle.[3]

---

[3] Das Gespräch, das Bischofs Stanley Jones mir Ramana führte, schildert Major Chadwick sehr ausführlich in seinem Buch: Sadhu Arunachala: Ramana Maharshi, S. 112-117

5. Der Philosoph

April 1943. Ein Teenager mit roten Wangen und einer sehr sanften, ängstlichen Stimme, fragte: „Swami, kann ich Gott in diesem Leben sehen?"

Bhagavan gütig lächelnd: „Sag mir zuerst, wer das ‚Ich' in deiner Frage ist, wer, was und wo Gott ist und was du mit ‚Leben' meinst?"

Der Junge senkte die Augen und schwieg.

Da eilte ein älterer Mann nach vorne, holte einen Stift hervor, schrieb eine Frage auf ein Stück Papier und gab es dem Maharshi. Bhagavan las es und lächelte breit. Es war eine Frage zu Raum und Zeit.

Bhagavan: „Darf ich wissen, wer die Frage stellt – der Raum, du selbst oder die Zeit?"

Besucher: „Ich natürlich."

Bh.: „Kennst du dieses Ich?"

Besucher nach kurzem Zögern: „Überlass die Frage nach dem Ich den Philosophen und beantworte meine Frage."

Eine Stimme: „Wie? Ist dir Raum oder Zeit wichtiger als dein eigenes Selbst?"

Bhagavan sah, dass der Besucher verblüfft war. „All diese Fragen sind überflüssig. Über eine Sache musst du dir im Klaren sein: Keine Frage kann ohne Selbsterkenntnis beantwortet werden. Bei der Verwirklichung des Selbst wird alles klar, und alle Probleme sind gelöst."

6. Der Wissenschaftler

Zwei Wochen später schlenderte ein Student herein.

Student: „Die Wissenschaft sagt uns, dass ein Atom aus einem Atomkern in der Mitte besteht und Elektronen, die ihn im Zwischenraum umrunden. Ist die Beziehung zwischen Gott und dem vollkommenen Menschen so wie in diesem Beispiel oder anders? Ich meine, obwohl Gott und der *Jnani* eins sind, bewahren sie dennoch ihre getrennten Identitäten."

Bh.: „Wer ist der perfekte Mensch?"

Student: „Derjenige, der durch *sadhana* vollkommen geworden ist."

Bh.: „Du hältst dich selbst also für unvollkommen, da du diese Frage stellst. Wäre es für dich dann nicht besser, *sadhana* zu üben und vollkommen zu werden? Dann wirst du wissen, was geschieht. Warum kümmerst du dich um einen Zustand, der sich erst nach der Vollkommenheit einstellt? Tatsache ist, dass du auch jetzt vollkommen bist und deine angenommene Unvollkommenheit nur deine eigene Schöpfung ist."

7. Der Skeptiker

2. April 1937

Ein sehr beschäftigter polnischer Journalist kam heute Nachmittag für einige Stunden, in denen er erwartete, dass ihm die Wahrheit auf die beste Weise erklärt werden würde.

Pole: „Ich habe in deinen Büchern gelesen, dass man das Wesen seines Ichs ergründen soll, um die Wahrheit zu erkennen, die du das Selbst nennst. Durch die Biologie habe ich meine eigene Antwort auf die Frage meiner Identität gefunden. Was ich wissen will, ist, wer du bist, der du vom Selbst sprichst und es scheinbar erfahren hast. Wenn jemand anderer deine Aussage bestätigt und Millionen das tun, dann besteht die Wahrscheinlichkeit, dass es das Selbst gibt."

Bh.: „Hast du denn kein Selbst? Existierst du in der Region von Wahrscheinlichkeiten, selbst in Bezug auf dein eigenen Selbst?"

Pole: „Ja. Man kann sich keiner Sache sicher sein. Selbst Gott kann nicht mit absoluter Sicherheit bewiesen werden."

Bh.: „Lass Gott für den Moment beiseite. Was ist mit dir selbst?"

Pole: „Ich möchte eine Bestätigung für das Selbst."

Bh.: „Du suchst von anderen eine Bestätigung für dich? Woher weißt du, dass andere existieren?"

Pole: „Durch meine Sinne."

Bh.: „'Mich' beinhaltet das ,Ich', das im Besitz der Sinne ist. Du hältst deine Existenz für sicher. Doch zugleich bittest du andere, sie dir zu beweisen.

Ebenso betrachtest du deine Sinne als wirklich, die andere sehen, während du alle Gewissheit leugnest. Du siehst also, wie sehr du dir selbst widersprichst. In Wirklichkeit gibt es keine anderen. Es gibt keine solche Person wie ‚du'. Obwohl jeder Mensch als ‚du' angesprochen wird, bezeichnet er sich selber doch als ‚ich'. Selbst die Bestätigung, die du bei anderen suchst, kommt nur vom ‚Ich'. ‚Du' und ‚sie' gibt es nur für das ‚Ich'. Ohne es sind sie bedeutungslos."

Pole: „Wenn du Recht hast, was ist dann mit Fortschritt und Wissenschaft?"

Bh.: „Fortschritt und Wissenschaft gibt es nur für den wahrnehmenden Geist. Wem gilt der Fortschritt, wenn der Geist nicht da ist, wie z.B. im Tiefschlaf oder in einer Ohnmacht? Du stimmst dem zu, dass das Ziel allen Fortschritts und aller Wissenschaft die Wahrheit ist, die reine Intelligenz ist, das Substrat des Bewusstseins, aus dem der denkende Geist hervorgeht und in das er sich letztendlich wieder auflöst. Dann wird das, was du ‚Vollkommenheit' nennst, zu dem die Wissenschaft hinstrebt, erlangt. Das ist, was wir die Verwirklichung des Selbst nennen, d.h. die Verwirklichung der Quelle des Geistes."

Der Tod und, in einem geringeren Maß, das Leben und die Wiedergeburt sind das Thema der meisten Fragen, die Besucher stellten. Der Tod ist die größte Katastrophe, vor der sich die Menschen fürchten.

Omar Khayyam singt in einem Lied:

„Bevor auch wir in den Staub hinabsteigen,
Staub zu Staub, und unter dem Staub liegen,
ohne Wein, ohne Singen, ohne den Sänger und ohne Ende."

Er hält den Menschen nicht nur für reinen Staub und das Grab für seine letzte Bestimmung. Das Entsetzen über die dauerhafte Auslöschung greift nach allen Herzen und betäubt sie, selbst die tapfersten.

Für den Maharshi ist der Tod wie auch das Leben ein reiner Gedanke. Wenn du „wach" bist, denkst du ununterbrochen, und wenn du einschläfst und träumst, denkst du nicht weniger. Aber wenn du vom Traum zum traumlosen Tiefschlaf übergehst, hören deine Gedanken auf, und du genießt ungestörten Frieden, bis du wieder aufwachst und das Denken wieder aufnimmst und damit den rastlosen, friedlosen Zustand.

Das Leben ist miserabel, weil es aus nichts weiter als aus Gedanken besteht. Wenn der Tod den Körper niederstreckt, herrscht der traumlose, gedankenfreie Zustand für eine kurze Zeit vor. Aber bald fängt das Denken im Traum wieder an, in der „astralen" Welt, und hält an, bis ein völliges „Erwachen" in einem neuen Körper erfolgt, nach einer weiteren traumlosen Ruhepause.

Dieser tägliche Kreislauf von Wachen und Schlafen ist eine Miniatur des Kreislaufs von Leben und Tod beim Menschen und Universum, vom Wechsel zwischen Aktivität und Ruhe. Die Substanz von ersterem sind Gedanken und Gefühle, die Substanz von letzterem das friedvolle Sein, aus dem erstere kommen. Um Geburt und Tod zu überschreiten, müssen wir deshalb den Prozess des Denkens überschreiten und im ewigen Sein ruhen.

1. Ein Besucher fragte Sri Maharshi: „Wie kann man die schreckliche Todesangst überwinden?"

Bhagavan: „Wann überfällt dich diese Angst? Kommt sie, wenn du deinen Körper nicht siehst, wie etwa im traumlosen Schlaf, oder wenn du unter Chloroform stehst? Sie verfolgt dich nur, wenn du völlig wach bist und die Welt und auch deinen Körper wahrnimmst. Wenn du sie nicht siehst und dein reines Selbst bleibst, wie etwa im traumlosen Tiefschlaf, kann dich keine Angst berühren.

Wenn du diese Angst auf das Objekt zurückverfolgst, nämlich auf den Verlust, der sie entstehen lässt, wirst du herausfinden, dass dieses Objekt nicht der Körper, sondern der Geist ist, der in ihm und durch ihn wirkt, und von dem die Umgebung und die anziehende Welt als Gesehenes, Töne, Gerüche usw. erkannt werden. So mancher wäre froh, den kranken Körper und alle Probleme und Unannehmlichkeiten, die er bereitet, los zu werden, wenn ihm das beständige Gewahrsein weiterhin gesichert bliebe. Es geht um das Gewahrsein, das Bewusstsein und nicht um den Körper, dessen Verlust er fürchtet. Die Menschen lieben die Existenz, weil sie ewiges Gewahrsein ist, das ihr eigenes Selbst ist. Warum sollte man sich nicht gerade jetzt an das reine Gewahrsein halten, während man im Körper ist, und alle Angst los sein?"

2. Herr M. aus Mysore hatte einige theosophische Bücher gelesen. Er verbrachte hier einige Monate und versuchte, sie zu verdauen. Er wollte etwas über die Wiedergeburt wissen.

M.: "Die Theosophie spricht von einem Zeitraum von 50 bis 10.000 Jahren zwischen dem Tod und der Wiedergeburt. Warum ist das so?"

Bh.: „Es gibt keinen Zusammenhang zwischen der einen Bemessung des Bewusstseinszustandes und der anderen. Alle solche Bemessungen sind hypothetisch. Es stimmt, dass einige Individuen länger brauchen und andere weniger lang. Aber es muss klar verstanden werden, dass es nicht die Seele ist, die kommt und geht, sondern der denkende Geist des Individuums, der diesen Anschein erweckt. Auf welcher Ebene der Geist auch handelt, er erschafft für sich einen Körper. In der physischen Welt ist es ein physischer Körper, in der Traumwelt ein Traumkörper, der im Traumregen nass wird und krank von Traumkrankheiten. Wenn der physische Körper gestorben ist, bleibt der Geist eine Zeit lang inaktiv wie im traumlosen Tiefschlaf, in dem er ohne Welt und deshalb ohne Körper existiert. Aber bald wird er in einer neuen Welt und einem neuen Körper – dem Astralkörper – wieder aktiv, bis er einen anderen Körper annimmt, wobei man von Wiedergeburt spricht. Aber der *Jnani*, der selbstverwirklichte Weise, dessen Geist bereits aufgehört hat zu handeln, bleibt vom Tod unberührt. Der Tod ist abgefallen, um sich nie wieder zu erheben und Geburten und Tode zu verursachen. Die Kette der Illusion ist für ihn für immer zerbrochen.

Es ist jetzt klar, dass es weder eine wirkliche Geburt noch einen wirklichen Tod gibt. Es ist der Geist, der diese Illusion der Wirklichkeit in diesem Prozess erschafft und aufrechterhält, bis er durch die Selbstverwirklichung vernichtet wird."

12. April 1937

3. Frau Gonggrijp aus den Niederlanden, die in Adyar wohnt, ist für einen dreitägigen Besuch hier. Sie möchte wissen, woher der Lebenswille kommt, der in den Pali-Schriften als *tanha* bekannt ist und der allem Leben innewohnt.

Frau G.: „Was ist die Ursache von *tanha*, dem Durst nach Leben und nach einer Wiedergeburt?"

Bh.: „Wahre Wiedergeburt ist, wenn man dem Ego stirbt und im Geist (Spirit) erwacht. Das ist die Bedeutung der Kreuzigung Jesu. Wenn immer es eine Identifikation mit dem Körper gibt, ist ein Körper da, sei es dieser oder ein anderer, bis das Körperempfinden verschwindet, indem man in die Quelle, den Geist (Spirit) oder das Selbst eingeht. Der Stein, den man nach oben wirft, bleibt in beständiger Bewegung, bis er zu seinem Ursprung, der Erde, zurückkommt und dort ruht. Kopfweh macht weiterhin Schwierigkeiten, bis der Zustand vor dem Kopfweh wiedererlangt worden ist.

Der Lebensdurst ist im Wesen des Lebens enthalten, das absolute Existenz – Sein (*sat*) – ist. Obwohl es von Natur aus unzerstörbar ist, nimmt das

Bewusstsein durch die falsche Identifikation mit seinem zerstörbaren Instrument, dem Körper, die falsche Auffassung von seiner Zerstörbarkeit an. Deshalb versucht es, dieses Instrument dauerhaft zu erhalten, was zu einer Geburt nach der anderen führt. Aber wie lange diese Körper auch leben, sie finden schließlich ein Ende und weichen dem Selbst, das allein ewig existiert."

Herr C. „Ja. H.P. Blavatsky sagt in ‚Voice of the Silence': ‚Gib dieses Leben auf, damit du lebst.'"

Bh.: „Gib die falsche Identifikation auf und denk daran, dass der Körper nicht ohne das Selbst existieren kann, wohl aber das Selbst ohne Körper. Tatsächlich ist es immer ohne ihn."

Herr C.: „Frau G. ist soeben eine Frage gekommen, da sie gehört hat, dass ein Mensch in einem anderen Leben auch als Tier wiedergeboren werden kann, was der Lehre der Theosophie widerspricht."

Bh.: "Soll derjenige, der wiedergeboren wurde, diese Frage stellen. Finde zuerst heraus, wer es ist, der geboren wurde, und ob es tatsächlich Geburt und Tod gibt. Nur das Ego wird geboren, das eine Illusion des Geistes ist."

5. Mai 1943

4. Herr B. ist ein begeisterter Anhänger von Sri Bhagavan. Vor wenigen Tagen hat er seinen Sohn verloren, was seinen Glauben an den Maharshi und an Gottes Gnade erschüttert hat. Einige Tage lang streikte er und hielt sich vom Ashram fern, aber heute kam er, um seinen Streit mit Sri Bhagavan auszutragen. Er hatte eine lange Liste von Fragen vorbereitet. Nachdem er einige Antworten erhalten hatte, war er zufrieden.

B: „Was ist Glaube?"

Bh.: "Glaube, Liebe, Gnade sind dein wahres Wesen, das Selbst."

B.: „Wenn das stimmt, können Glaube und Gnade nur bei der Verwirklichung des Selbst erreicht werden. Alles, was wir davor Glaube usw. nennen, ist veränderlich und unwahr."

Bh.: „Genau."

B.: „Ist Sorge ein Gedanke?"

Bh.: „Alle Gedanken sind sorgenvoll."

B.: „Demnach sind auch erfreuliche Gedanken sorgenvoll."

Bh.: „Ja, weil die Gedanken die Aufmerksamkeit vom Selbst ablenken, das ungetrübtes Glück ist."

B.: „Was hat Bhagavan veranlasst, zum Arunachala zu kommen?"

Bh.: „Was hat euch alle veranlasst herzukommen?"

B.: „Ich möchte gern wissen, ob es in Bhagavans spiritueller Sichtweise einen Unterschied gibt zwischen dem Tag, an dem er Madurai verlassen hat, und jetzt."

Bh.: „Überhaupt keinen. Dieselbe Erfahrung hat sich unverändert bis jetzt erhalten."

B.: „Aber warum verspürte Bhagavan dann die Notwendigkeit, Lieder zum Lob Arunachalas zu schreiben? Hat er das für sich oder uns getan?"

Bh.: „Ich weiß nicht, warum ich sie geschrieben habe. Vielleicht für andere."

B.: „Was ist Leben?"

Bh.: „Materiell gesprochen ist das Leben der Körper. Spirituell gesprochen ist es das höchste Bewusstsein. Es hängt von deiner Sichtweise ab."

B.: „Was ist Tod?"

Bh.: „Er ist das Vergessen des eigenen wahren Wesens."

Hier unterbrach ein Besucher und fragte, ob Selbstmord unrecht sei.

Bh.: „Wenn man den unschuldigen Körper tötet, ist das sicherlich falsch. Selbstmord muss dem Geist gelten, in dem das Leiden hinterlegt ist, und nicht dem Körper, der unbewusst ist und nichts fühlt. Der Geist ist der wahre Schuldige, da er die Angst erschafft, die zum Selbstmord verlockt, aber durch einen Irrtum des Urteilsvermögens wird der unschuldige, unbewusste Körper dafür bestraft."

3. September 1948

5. Drei anglo-indische Ärztinnen waren aus Bangalore gekommen. Eine von ihnen hatte kürzlich ihren Mann bei einem Flugzeugabsturz verloren. Sie fragte Sri Bhagavan: „Gibt es Wiedergeburt?"

Bh.: „Weißt du denn, was Geburt ist."

Frau: „Ja, ich weiß, dass ich jetzt existiere, aber ich möchte wissen, ob ich auch in Zukunft existieren werde."

Bh.: „Vergangenheit! ... Gegenwart! ... Zukunft! ..."

Frau: „Ja, heute ist das Ergebnis von gestern, der Vergangenheit, und morgen wird die Zukunft sein, die das Ergebnis von heute, der Gegenwart, ist, nicht wahr?"

Bh.: „Es gibt weder Vergangenheit noch Zukunft. Es gibt nur die Gegenwart. Gestern war für dich die Gegenwart, als du sie erfahren hast, und morgen wird auch die Gegenwart sein, wenn du sie erfahren wirst. Deshalb geschieht Erfahrung nur in der Gegenwart, und jenseits der Erfahrung existiert nichts."

Frau: „Sind dann Vergangenheit und Zukunft eine reine Vorstellung?"

Bh.: „Ja, selbst die Gegenwart ist eine reine Vorstellung, da das Zeitempfinden rein geistig ist. Raum ist ebenfalls geistig. Deshalb können Geburt und Tod, die sich in Raum und Zeit ereignen, nichts anderes als eine Vorstellung sein."

22. Februar 1949

6. Ein gebildeter Nordinder trat zu Sri Bhagavan vor, verneigte sich vor ihm und setzte sich in die erste Reihe. Er fragte in hervorragendem Englisch: „Was ist die Ursache und der Ursprung des Universums?"

Bh.: „Hast du keine anderen Sorgen?"

Besucher: „Natürlich. Deshalb möchte ich über Leben, Tod, Bewusstsein usw. Bescheid wissen."

Bh.: „Fange von vorn an. Wer hat Leben, Bewusstsein usw.? Hast du z.B. Leben?"

Besucher: „Natürlich weiß ich, dass ich lebe, da ich meinen Körper sehe."

Bh.: „Siehst du immer den Körper? Was geschieht mit ihm und dem Universum, wenn du schläfst?"

Besucher: „Ich weiß es nicht. Es ist ein Geheimnis."

Bh.: „Du magst nicht wissen, was mit ihnen geschieht, aber hörst du deshalb zu existieren auf?"

Besucher: „Ich weiß es nicht."

Bh.: „Woher weißt du dann, dass du jetzt existierst?"

Besucher: „Ich bin jetzt bei Bewusstsein und sehe, wie mein Körper sich bewegt und denkt."

Bh.: „Aber du siehst auch, wie sich dein Körper bewegt und denkt und an allen möglichen Orten ist, während er in Wirklichkeit fest in Tiruvannamalai schläft."

Besucher: „Es ist ein Geheimnis. Kann ich sagen, dass ich, das Dauerhafte, immer gegenwärtig bin und nur mein Ego sich verändert?"

Bh.: „Denkst du also, dass du zwei Personen bist, das dauerhafte Ich und das Ego? Ist das denn möglich?"

Besucher: „Dann zeige mir bitte den Weg zum Wirklichen."

Bh: „Das Wirkliche ist immer gegenwärtig, wie die Leinwand, auf dem die Kinofilme sich bewegen. Während die Bilder auf ihr erscheinen, bleibt sie unsichtbar. Halte den Film an, und die Leinwand, die die ganze Zeit da war und tatsächlich der einzige Gegenstand ist, der immer dagewesen ist, wird deutlich. Alle Universen, Menschen, Gegenstände, Gedanken und Vorfälle sind nur Bilder, die sich auf der Leinwand des reinen Bewusstseins bewegen, das allein wirklich ist. Gestalten und Erscheinungen verschwinden, aber das Bewusstsein bleibt immer da."

Einige Tage später gab Sri Bhagavan eine andere Antwort auf eine ähnliche Frage, die Dr. Godel, der französische Amtsarzt des Suez-Kanals, ihm gestellt hatte. Er sagte zu ihm: „Du musst zwischen dem Ich, das rein in sich selbst ist, und dem Ich-Gedanken unterscheiden. Letzterer ist nur ein Gedanke, sieht Subjekt und Objekt, schläft, wacht auf, isst und denkt, stirbt und wird wiedergeboren. Aber das reine Ich ist das reine Sein, ewige Existenz, frei von Unwissenheit und der Gedankenillusion. Wenn du das Ich bleibst, nur dein Sein, ohne Gedanken, wird der Ich-Gedanke verschwinden, und die Illusion wird für immer vergehen. In einer Filmvorführung kannst du die Bilder nur im Dämmerlicht oder in der Dunkelheit sehen. Aber wenn alle Lichter angemacht werden, verschwinden alle Bilder. So verschwinden auch alle Gegenstände im Scheinwerferlicht des höchsten *Atman*."

Dr. G.: „Das ist der transzendente Zustand."

Bh.: „Nein. Transzendieren von was und von wem? Nur du existierst."

Ein Buch wurde vorgelesen, in dem die Frage auftaucht, ob die Welt für das Glück oder das Leid erschaffen wurde. Alle Augen wandten sich Sri Bhagavan zu.

Bhagavan: „Die Schöpfung ist weder gut noch schlecht. Sie ist wie sie ist. Es ist der menschliche Geist, der sie auf alle mögliche Weise konstruiert, da er die Dinge aus seiner eigenen Perspektive sieht und so, wie sie seinen eigenen Interessen entsprechen. Eine Frau ist lediglich eine Frau, aber der eine nennt sie ‚Mutter‘, der andere ‚Schwester‘ und noch ein anderer ‚Tante‘ usw. Männer lieben Frauen, hassen Schlangen, und das Gras und die Steine am Wegesrand sind ihnen gleichgültig. Diese Verbindungen sind die Ursache aller Not in der Welt.

Die Schöpfung ist wie eine Pappelfeige. Vögel kommen, um ihre Früchte zu fressen oder Unterschlupf in ihren Zweigen zu finden, Menschen suchen Abkühlung in ihrem Schatten, aber manche hängen sich auch an ihr auf. Trotzdem führt der Baum sein stilles Leben weiter. Er kümmert sich nicht darum und ist sich nicht gewahr, wozu er gebraucht wird.

Es ist der menschliche Geist, der seine eigenen Schwierigkeiten erschafft und dann um Hilfe schreit. Ist Gott etwa so parteiisch, dass er dem einen Menschen Frieden und dem anderen Sorgen gibt? In der Schöpfung gibt es Raum für alles, aber der Mensch weigert sich, das Gute, Gesunde und Schöne zu sehen, und geht wimmernd wie ein Hungriger umher, der neben einem schmackhaften Gericht sitzt und der, anstatt seine Hand auszustrecken und seinen Hunger zu stillen, weiterhin klagt. Wessen Fehler ist es, der Gottes oder der des Menschen? Aber glücklicherweise verlässt Gott in seiner unendlichen Barmherzigkeit den Menschen nie. Er gibt ihm immer neue Chancen, indem er ihm Gurus und Schriften anbietet, die ihn anleiten, die Fehler auf seinem Weg herauszufinden, damit er schließlich ewiges Glück erlangt.“

Besucher: „Wir wissen, dass die Freuden dieser Welt nutzlos, ja sogar schmerzhaft sind. Trotzdem sehnen wir uns nach ihnen. Wie können wir diese Sehnsucht beenden?“

Bh.: "Denke an Gott, und die Anhaftungen werden allmählich von dir abfallen. Wenn du wartest, bis alles Verlangen verschwunden ist, um mit deiner Hingabe und deinem Gebet zu beginnen, dann musst du sehr, sehr lange warten."

15. August 1948

Ein Besucher aus dem Norden ist sehr aufgewühlt. In großer Erregung stellt er verschiedene Fragen. Eine davon ist, warum es in der Welt so viel Böses gibt und warum die Übeltäter erfolgreicher sind als diejenigen, die Gutes tun. Wenn das vom Karma abhängt, wer hat dann das Karma gemacht, und warum ist es so willkürlich verteilt – verschiedenes Karma für verschiedene Individuen, das die Ursache so vielen Übels und Chaos ist.

Sri Bhagavan erkannte die Herzensqual des Besuchers und war sehr gütig zu ihm. Er antwortete prägnant und mit erstaunlicher Klarheit auf all seine Fragen. Über das Karma sagte er: „Wessen Karma ist es? Es gibt zwei Schöpfungen – die Schöpfung Gottes und die des Menschen. Erstere ist eine einzige und frei von Karma. Letztere ist verschieden und hat verschiedene Karmas. Wenn der Mensch seine eigene Schöpfung beseitigt, gibt es keine verschiedenen Individuen und keine verschiedenen Karmas mehr. Das Unheil wird dann verschwinden. Derjenige, der die Schöpfung des Menschen vernichtet, sieht nur den Himmel, die anderen sehen nur die Hölle.

Es ist die Erfahrung eines jeden intelligenten Menschen, dass Böses zu tun früher oder später auf den Täter zurückfällt. Warum ist das so? Weil das Selbst das Eine in allen ist. Wenn du andere siehst, siehst du nur dich selbst in ihrer Gestalt. ‚Liebe deinen Nächsten wie dich selbst' bedeutet, dass du ihn lieben sollst, weil er dein Selbst ist."

19. Juni 1936

1. Ein Besucher wollte wissen, ob es so etwas wie einen freien Willen gibt.

Bh.: „Wessen Willen ist es? Solange es das Gefühl der Täterschaft gibt, gibt es auch das Gefühl von Freude und individuellem Willen. Aber wenn dieses Empfinden durch die Übung des *vichara* verloren gegangen ist, wird der göttliche Wille den Lauf der Ereignisse bestimmen und leiten. Das Schicksal wird durch *jnana*, Selbsterkenntnis, überwunden, die den Willen und das Schicksal überschreitet."

9. November 1936

2. Herr C. fragte, wo der Wille in den Hüllen des *jiva* (fünf Hüllen, *koshas* s.u.) zu lokalisieren sei.

Bh.: „Der Wille ist die zweckmäßige Kraft des Ichs, das eine Tat bestimmt und vorantreibt. Er gehört somit zum Ich. In welcher Hülle er zu lokalisieren ist? Es muss dort sein, wo das Ich-Empfinden ist, im *vijnanamaya kosha*.

Annamaya kosha ist die physische Hülle. *Pranamaya kosha* ist die Hülle des Lebens und der Sinne. *Manomaya kosha* ist die Hülle der Gedanken und Sinneswahrnehmungen, von Subjekt und Objekt, und *vijnanamaya kosha* ist die Hülle des Ich-Empfindens, in der das selbstbewusste Individuum will und bestimmt. Es ist unnötig, auf all diese Einzelheiten einzugehen. Worum wir uns kümmern sollten, ist das wahre Wesen des Ichs, das der Dreh- und Angelpunkt in all diesen Hüllen und Welten ist. Das wahre Ich ist die höchste Wahrheit."

19. Mai 1936

3. Ein französischer Doktor der Philosophie kam für diesen Tag. Er fragte: „Wie sollte ein Sucher arbeiten?"

Bh.: „Ohne sich für den Handelnden zu halten, d.h. er sollte ohne einen Beweggrund oder starren Plan arbeiten. Als du dich z.B. von Paris auf deine

Reise gemacht hast, hast du da diesen Ort auf deiner Reiseroute miteinge-
plant?"

Dr.: „Nein."

Bh.: "Du siehst also, dass du, ohne es vorher geplant zu haben, hierhergekommen bist. Die Gita sagt, dass keiner inaktiv bleiben kann und dass sich
der Zweck dieser Geburt erfüllt, ob man es nun will oder nicht. Deshalb ist
es klug, wenn man den Zweck sich selbst erfüllen lässt."

10. Februar 1944

4. In diesem Zusammenhang passt, hier von einem Vorfall zu berichten, wie
der göttliche Wille automatisch zugunsten eines Verehrers durch eine im-
pulsive Tat gewirkt hat.

Vor etwa einem Monat wurde Shiva, einer der Helfer des Meisters, aus irgendeinem Grund aus dem Dienst entlassen. Er kehrte sofort in sein Hei-
matdorf zurück. Vergangene Nacht kam er zurück und erzählte Sri Bhagavan in unserer Anwesenheit folgende Geschichte: „Als ich vor einem Monat, am Tag, nachdem ich den Ashram verlassen hatte, am Bahnhof meines
Dorfes ausstieg, traf ich einen Verwandten. Als er mich sah, rannte er mit
entgegen und rief: ‚Hallo, du bist gekommen! Ich wollte dir soeben dieses
Telegramm schicken. Dein Vater liegt im Sterben und will dich unbedingt
sehen.' Ich war verblüfft und erkannte, dass ich aus dem Dienst entlassen
worden war, damit ich rechtzeitig dort sein konnte. Mein Vater hatte seine
Augen nicht mehr geöffnet und gesprochen. Doch als ich nach Hause kam,
öffnete er sie plötzlich, und als er mich sah, lächelte er und sagte: ‚Endlich
bist du da! Ich bin glücklich (*santosham*).' Eine Stunde später starb er."

17. Februar 1937

1. Frau D. Jinarajadasa, die Frau des späten Präsidenten der Theosophischen Gesellschaft, die in Adyar, Madras, wohnt, wollte zur Quelle des menschlichen Egos vordringen, das die Ursache von so viel Missstimmung zwischen Nationen, in Familien und bei Individuen ist.

Frau J.: „Worin besteht der Unterschied zwischen dem Ego und dem Selbst?"

Bh.: „Das, was kommt und geht, sich erhebt und wieder untergeht, geboren wird und stirbt, ist das Ego. Das, was immer bleibt, sich nie verändert und eigenschaftslos ist, ist das Selbst."

Frau J.: „Kann ich sagen, dass Gott die Flamme ist und wir die Funken sind?"

Bh.: „Obwohl die Funken aus der Flamme entstehen, fliegen sie von ihr weg in den Raum, während wir niemals außerhalb von Gott sind."

Frau J.: „Aber gibt es einen von uns getrennten Gott? Selbstverständlich muss es einen Schöpfer für dieses Universum geben."

Bh.: „Wenn du mit ‚uns' deinen Körper meinst, dann gibt es einen Schöpfer. Aber wenn du das reine Selbst meinst, dann gibt es nichts weiter als Es. Wenn du objektivierst und ein Universum siehst, dann musst du viele Dinge außerhalb von dir sehen und setzt einen Gott, einen Schöpfer, voraus. Körper, Gott und Welt entstehen und vergehen zusammen aus und im Selbst. Wenn Gott vom Selbst getrennt wäre, dann wäre er selbst-los, d.h. außerhalb der Existenz, also nichtexistent."

Frau J.: „Ich nehme an, dass man das Ego-Selbst ins wahre Selbst erheben muss."

Bh.: „Das Ego-Selbst existiert überhaupt nicht."

Frau J.: „Warum macht es dann so viele Schwierigkeiten? Sieh nur das Chaos, das es unter den Nationen und Menschen verursacht hat. Es ist furchtbar, selbst für einen selbst."

Bh.: „Wer hat diese Schwierigkeiten? Auch dieses Problem ist eine Einbildung. Schmerz und Freude gehören dem Ego an, das selbst eine Einbildung ist. Wenn das Ego durch beständige Ergründung seines Wesens verschwindet, verschwindet auch die Illusion von Freude und Leid, und das Selbst, seine Quelle, bleibt allein übrig. In Wirklichkeit gibt es weder ein Ego noch Unwissenheit."

Fr. J.: „Aber wie ist das Ego ins Dasein gekommen?"

Bh.: „Das Ego existiert nicht. Sonst wärest du zwei anstatt einer – du, das Ego, und du, das Selbst. Du bist aber ein einziges, unteilbares Ganzes. Ergründe dich selbst, und das scheinbare Ego und die Unwissenheit werden verschwinden."

Fr. J.: „Warum müssen wir uns dann konzentrieren?"

Bh.: „Konzentration, Meditation und alle spirituellen Praktiken werden nicht ausgeführt, um das Selbst zu erkennen, denn das Selbst ist immer da, sondern um die Nichtexistenz der Unwissenheit zu erkennen. Jeder Mensch gibt zu, dass er existiert. Um das zu beweisen, braucht er keinen Spiegel. Existenz ist Gewahrsein, das die Verneinung des Unwissens ist. Warum leidet dann der Mensch? Weil er etwas anderes zu sein glaubt als das, was er in Wirklichkeit ist, nämlich der Körper, dies und das und etwas anderes. ‚Ich bin Gopal, der Sohn von Parashuram und der Vater von Natesan' usw. In Wirklichkeit ist er nur das intelligente ‚Ich bin', von den Eigenschaften, Überlagerungen, Namen und Formen enthüllt. Sieht er denn seinen Körper mit all diesen Eigenschaften, Gestalten und Farben im traumlosen Schlaf? Trotzdem leugnet er nicht, dass er auch im Schlaf ohne Körper existiert. Er muss an dieser Existenz festhalten, an diesem einzigen Sein – *kaivalya* – selbst im Wachzustand. Der weise Mensch existiert einfach. ‚Ich bin der, der ich bin' fasst die ganze Wahrheit zusammen. Die Methode ist zusammengefasst: ‚Sei still und wisse, dass ich Gott bin.' Was bedeutet Stille? Das Aufhören des Denkens, das das Universum aus Gestalten, Farben, Eigenschaften, Zeit, Raum und alle Konzepte und Prinzipien ausmacht."

Ein Besucher fragte: "Wenn das Ego oder ich eine Illusion ist, wer wird dann die Illusion los?"

Bh.: „Das Ich wirft die Illusion des Ichs ab und bleibt trotzdem das Ich. Das scheint dir ein Paradox zu sein. Für den *Jnani* ist es das nicht. Nimm zum

Beispiel den *Bhakta*. Sein Ich bittet den Herrn, es mit ihm zu vereinen, womit es sich unterwirft. Was nach der Hingabe übrig bleibt, ist das ewige Ich, das Gott, das Absolute, *Paramatman* selbst ist. Was ist aus dem Ich geworden, das einst gebetet hat? Da es unwirklich ist, ist es einfach verschwunden."

18. November 1936

2. Besucher: "Der Tiefschlaf (*sushupti*) ist so friedvoll, dass man so lange als möglich darin verbleiben möchte. Aber das geht nicht. Warum?"

Bh.: "Wir sind immer in *sushupti*. Wenn man sich dessen im Wachzustand (*jagrat*) bewusst ist, ist das *Samadhi*. Der *ajnani* kann nicht lange im *sushupti* verweilen, weil sein Ego ihn heraustreibt. Obwohl der *Jnani* das Ego zunichte gemacht hat, entsteht es aufgrund des *prarabdha* immer wieder. So entsteht bei beiden, dem *Jnani* und dem *ajnani*, das Ego, aber mit folgendem Unterschied: Während der *Jnani* die transzendente Erfahrung genießt, indem er seine Aufmerksamkeit (*lakshya*) immer auf seine Quelle gerichtet hält, weiß der *ajnani* nichts davon. Das Ego des *Jnani* ist nicht schädlich, da es ein reines Skelett seines normalen Ichs ist, wie ein verbranntes Seil. Indem er seine Aufmerksamkeit beständig auf die Quelle, das Herz, gerichtet hat, wird das Ego in ihm vernichtet wie eine Salzpuppe, die ins Meer gefallen ist."

14. März 1943

3. Professor M. Venkataramiah (der spätere Swami Ramananda Saraswati)[4] fragte, ob das Licht, das dem Ich-Empfinden (*aham*) Identität und das Wissen (von der Welt) gibt, Unwissenheit oder *chit* (reines Bewusstsein) sei.

Sri Bhagavan erwiderte: „Es ist nur das reflektierte Licht von *chit*, das das Ich glauben lässt, dass es sich von anderen unterscheidet und das Gegenstände erschafft. Für eine Reflexion braucht es eine Oberfläche, auf der sie erfolgt."

---

[4] der Verfasser der Gespräche mit Ramana Maharshi (Talks)

Ella Maillart: „Was ist diese Oberfläche?"

Bh.: „Bei der Verwirklichung des Selbst wirst du herausfinden, dass die Reflexion und die Oberfläche, auf der sie erfolgt, nicht wirklich existieren, sondern dass beide ein- und dasselbe Bewusstsein (*chit*) sind. Da ist die Welt, die einen Raum benötigt, um zu existieren, und Licht, um sie sichtbar zu machen. Beides entsteht gleichzeitig. Deshalb hängen physische Existenz und Wahrnehmung vom Licht des Geistes ab, das aus dem Selbst reflektiert wird. Wie die Bilder eines Kinofilms durch reflektiertes Licht sichtbar werden und nur in der Dunkelheit, so werden auch die Bilder der Welt nur durch das Licht des Selbst in der Dunkelheit von *avidya* (Unwissenheit) reflektiert. Die Welt kann weder in der äußersten Dunkelheit der Unwissenheit wie im Tiefschlaf gesehen werden noch im völligen Licht des Selbst wie in der Selbstverwirklichung oder im *Samadhi*."

7. DIE GEFAHR DER PHILOSOPHIE

10. April 1937

Ein hochgelehrter Besucher, dessen Hauptinteresse dem Menschen und seiner Verfassung galt, wollte, dass Sri Bhagavan ihm aus eigener Erfahrung die verschiedenen Körper des Menschen, seine Körperhüllen (*koshas*) und ihre Funktionen, sein *atma-buddhi-manas* usw. erklärte.

Bhagavan fügte nach kurzer Erläuterung hinzu: "Das komplizierte Labyrinth der Philosophien verschiedener Schulen behauptet, die Dinge zu klären und die Wahrheit zu enthüllen, aber in Wirklichkeit schafft es Verwirrung, wo es keine Verwirrung geben müsste. Um irgendetwas zu verstehen, braucht es ein verstehendes Lebewesen. Wozu soll man sich überhaupt um seine Körper sorgen, sein *ahamkara*, sein *buddhi*, die Schöpfung, Gott, die Mahatmas (große Seelen), die Welt – das Nichtselbst? Warum bleibst du nicht du selbst und bist in Frieden?

Nimm z.B. Vedanta. Es spricht von den fünfzehn *pranas*, deren Namen und Funktionen der Schüler auswendig lernen soll. Würde es nicht genügen, wenn man ihn lehrt, dass nur ein *prana* die ganze Arbeit tut und den Körper am Leben erhält? Vom *antahkarana* (inneren Organ) wird gesagt, dass es denkt, wünscht, will, argumentiert usw. Wozu sollen alle diese Details nützen? Hat denn jemand das *antahkarana* oder all diese *pranas* gesehen? Existierten sie denn wirklich? Sie alle sind begriffliche Unterschiede, die Philosophielehrer bei ihrer übertriebenen Analyse erfunden haben. Wo enden all diese Vorstellungen? Wozu sollte man Verwirrung stiften und sie dann wegerklären? Glücklich ist der Mensch, der sich nicht im Labyrinth der Philosophien verliert, sondern direkt zur Quelle geht, aus der sie alle entstehen."

Besucher: „Was ist Selbsthingabe?"

Bh.: "Dasselbe wie Geisteskontrolle. Das Ego unterwirft sich, wenn es die höhere Autorität des *Atman* erkennt. Das ist der Anfang der Hingabe. Obwohl das Ego ohne das Selbst nicht existieren kann, bleibt es aufgrund seiner Unwissenheit dieser Tatsache rebellisch und handelt auf eigene Initiative und durch eigenen Willen."

Besucher: „Wie kann das rebellierende Ego unterworfen werden?"

Bh.: „Entweder indem man seine Quelle sucht, wobei es von selbst verschwindet, oder indem man all seine Handlungen, Motive und Entscheidungen freiwillig unterwirft und es somit bei den Wurzeln packt.

Gewohnheiten erschaffen die falsche Wahrnehmung, dass das Denken eine dauerhafte Einrichtung sei, womit man sich dann unmöglich von ihm befreien kann, aber Ergründung und Unterscheidung vertreiben diesen Irrtum. Keiner hat ohne Anstrengung Erfolg, und die wenigen Erfolgreichen verdanken ihren Sieg ihrem Durchhaltevermögen."

Besucher: „Die Leute verneigen sich vor Gott oder dem Guru, um, wie ich glaube, ihre Hingabe zu beweisen oder wenigstens zu zeigen."

Bh.: „Wahre Hingabe ist das Verschmelzen des Egos mit seiner Quelle, dem Herzen. Gott wird durch Kniebeugen nicht getäuscht. Er sieht im Verehrer, wie viel seines Egos ihn noch kontrolliert und wieviel davon an der Schwelle der Selbstzerstörung ist."

Von allen Aspekten der *Advaita*-Philosophie ist der von *maya* am schwierigsten zu verstehen, und noch schwerer ist es, ihn zu erklären. Manche interpretieren ihn als Unwissenheit, andere als Traum, wieder andere als Illusion, doch nur die Erfahrung kann ihn befriedigend erklären. Derweilen kommt es durch Erklärungen zu beträchtlichen Missverständnissen. Je mehr erklärt wird, desto unklarer wird es.

In einem der Ashrams, den ich 1939 besucht hatte, traf ich eine kanadische Dame. Sie war nach Indien gekommen, „um die Wahrheit zu suchen", und hatte viele Yogis und Ashrams besucht, zuletzt den Ramakrishna Math in Madras. Wir sprachen wie üblich über Yoga, Meditation usw., aber als ich das Wort „*maya*" erwähnte, schnappte sie nach Luft, griff sich an die Kehle und flüsterte: „Sprich nicht davon! Die Leute von der Ramakrishna Mission haben mich fast getötet, aber Gott ist mir zu Hilfe gekommen, und ich bin entronnen."

Ich: „Was meinst du damit, dass sie dich töten wollten? Sie sind *sannyasins*."

Sie: „Nicht meinen Körper, aber meine Seele. Sie sagten mir, dass nichts existiere: keine Welt, keine Menschen, keine Bäume, nichts, nichts. Das alles sei eine Illusion, alles sei meine eigene Einbildung, und dass ich die Illusion nicht loswerden könne, bis ich mich hingebe. Wo werde ich ohne meine Seele und meinen Geist sein?"

Ich hatte keine Wahl als das Thema zu wechseln. Aber Sri Bhagavans Erklärungen sind hervorragend, wie aus dem folgenden Dialog ersichtlich wird.

15. April 1937

1. Herr C. wollte das Geheimnis dieser gigantischen Weltillusion erkennen.

C.: „Wir sprechen von der Welt als Illusion, doch alles in ihr folgt festen Gesetzen, die beweisen, dass sie gut geplant und geregelt ist."

B.: „Ja, derjenige, der die Illusion projiziert hat, gab ihr die Erscheinung von Ordnung und einer sorgfältigen Planung."

C.: „Alle spirituellen Richtungen außer die advaitische halten den kreativen Aspekt der Wirklichkeit, den sie Gott nennen, für wichtig. Sie sprechen von Propheten, Heiligen, Schriften usw. Sind das alles Illusionen?"

Bh.: „Sie existieren alle auf dieselbe Weise wie du existierst, der die Fragen stellt. Du bist in der relativen Welt, so auch sie. Andernfalls wüsstest du nichts von ihnen. In den Träumen sieht man auch eine gut geregelte Welt mit Heiligen, Schriften usw., aber im Augenblick des Erwachens verschwinden sie alle. So bewirkt auch das Erwachen aus dieser Traumwelt ins höchste Bewusstsein, dass sie alle verschwinden."

C.: „Aber wie kann aus der Wahrheit Illusion und Falschheit entstehen?"

Bh.: „*Maya* ist nicht Falschheit, obwohl es danach aussieht, sondern ist die aktive Seite der Wirklichkeit. Sie bewirkt, dass im Bewusstsein Gestalten entstehen. Gestalt bedeutet Vielfalt, die Illusion erzeugt. Denk daran, dass all diese Vielfalt im Bewusstsein ist und nirgendwo anders. Sie ist nur im Geist. Ein *jiva*, der einen anderen *jiva* sieht, vergisst, dass er mit ihm identisch ist, und hält ihn für etwas von sich selbst Getrenntes. Aber in dem Augenblick, in dem er seine Aufmerksamkeit auf sein eigenes Wesen als Bewusstsein lenkt und nicht als Gestalt, zerbricht die Illusion von Verschiedenheit oder Trennung, wie ein Traum zerbricht, wenn man erwacht."

C.: „Es ist schwierig, Gott zu erkennen, den Formlosen, der die Formen entstehen lässt."

Bh.: „Warum ist es schwierig? Bleibt dein Geist nicht gestaltlos, wenn du nichts wahrnimmst oder denkst wie etwa im Tiefschlaf, in *Samadhi* oder in einer Ohnmacht? Und erschafft er nicht Raum und Beziehung, wenn er denkt und deinen Körper zum Handeln treibt? Wie dein Geist anweist und dein Körper es in einem homogenen, automatischen Akt ausführt, in der Tat so automatisch, dass die meisten Leute sich des Prozesses nicht gewahr sind, so ersinnt und plant die göttliche Intelligenz und ihre Energie automatisch und handelt spontan – der Gedanke und die Tat sind ein einziges Ganzes. Diese kreative Energie, die in der reinen Intelligenz enthalten ist, wird verschieden genannt wie etwa *maya* oder *shakti*, der Schöpfer von Gestalten oder Bildern."

2. Der frühere Englischprofessor Herr Subbaramayya ist ein häufiger Besucher. Immer wenn er kommt, diskutiert er mit dem Meister über alte Vedanta-Bücher. Heute drehte sich das Gespräch über das Werk Kaivalyam. Darin ist auch *maya* ein Thema.

Sri Bhagavan erklärte: „Jede Ebene hat ihre eigene Illusion, die nur durch eine andere Illusion auf derselben Ebene zerstört werden kann. Nehmen wir folgendes Beispiel: Ein Mann nimmt eine volle Mahlzeit zu sich und legt sich schlafen. Er träumt, hungrig zu sein, trotz der Nahrung aus dem Wachzustand in seinem Magen. Um seinen Traumhunger zu stillen, muss er Traumnahrung zu sich nehmen. Eine Wunde im Traum muss auch im Traum behandelt werden. Ein großer König träumte einmal, er sei krank, aber zu arm, um sich einen Arzt zu leisten. Er musste das Honorar des Arztes von seinen Freunden erbetteln, um behandelt werden zu können. Obwohl er sich im Wachzustand eines großen Wohlstands erfreute, nützte er ihm im Traumzustand nichts. Ähnlich kann die Illusion der Unwissenheit (*ajnana*) nur durch die Illusion der Unterweisung des Gurus (*guru-upadesa*) vernichtet werden. Die Befreiung (*mukti*) ist immer gegenwärtig und Bindung immer abwesend. Trotzdem ist die allgemeine Erfahrung das Gegenteil."

3. Ein Besucher meinte, dass Gottes Spiel (*leela*), die Erkenntnis des Selbst so schwierig zu machen, grausam sei.

Bhagavan lachte: "Das Selbst zu kennen bedeutet, es zu sein. Sein bedeutet Existenz, die eigene Existenz, die keiner leugnet, sowenig wie jemand seine Augen leugnet, obwohl man sie nicht sehen kann. Das Problem liegt in deinem Wunsch, das Selbst zu objektivieren, wie du deine Augen objektivierst, wenn du einen Spiegel vor sie hältst. Du bist so sehr daran gewohnt zu objektivieren, dass du die Erkenntnis deiner selbst verloren hast, einfach aus dem Grund, weil das Selbst nicht objektiviert werden kann. Wer soll das Selbst erkennen? Kann der bewusstlose Körper es erkennen? Die ganze Zeit sprichst und denkst du 'ich, ich, ich', doch wenn man dich fragt, leugnest du, es zu kennen. Du bist das Selbst. Trotzdem fragst du, wie du das Selbst erkennen kannst. Wo ist Gottes Spiel und wo seine Grausamkeit? Weil das Selbst von den Leuten geleugnet wird, sprechen die Shastras (Schriften) von *maya*, *leela* usw."

15. April 1937

4. Ein häufiger Ashram-Besucher dachte über das Problem von *maya* und seine Beziehung zum Wach- und Traumzustand nach.

Besucher: „Gibt es irgendeinen echten Unterschied zwischen der Erfahrung des Wachzustands (*jagrat*) und der des Träumens?"

Bh.: "Keinen, außer dass *jagrat* für den Wachen länger zu dauern scheint als der andere Zustand, dem Träumer allerdings nicht. Die Person in *jagrat* erzählt manchmal, dass ihr Traum hunderte von Jahren umfasst hätte. Deshalb nennt sie ihn vergänglich, obwohl es in Wirklichkeit nicht den kleinsten Unterschied zwischen dem Wesen der beiden Zuständen gibt."

C.: „Es gibt aber diesen Unterschied. Jedes Mal, wenn wir zum Wachzustand zurückkehren, kommen wir an denselben Ort mit denselben Menschen, denselben Tätigkeiten und Interessen, was im Traumzustand (*svapna*) nicht der Fall ist."

Bh.: „Das ist so, weil sich im Traum die Dinge viel schneller bewegen als jetzt im Wachzustand. Aber fühlst du dich jedes Mal, wenn du in die Traumwelt eintrittst, als ein Fremder in ihr? Fühlst du dich nicht völlig zuhause mit den Leuten und Orten wie jetzt? Träumst du nicht manchmal, ein Minister zu sein oder deinen Vater zu treffen, der im Wachzustand vor langer Zeit gestorben ist? Oder siehst du nicht Gott auf einem Thron sitzen usw., ohne eine Unstimmigkeit darin zu bemerken? Der Traum ist für dich während des Träumens so wahr wie das Wachen jetzt. Worin besteht der Unterschied? Wenn du den Traum Illusionen nennst, warum nicht auch den Wachzustand?"

Besucher: „Arjuna sah die göttliche Gestalt Sri Krishnas. War diese Vision wahr?"

Bh.: „Sri Krishna begann den Diskurs im Kapitel II der Bhagavad Gita mit: ‚Ich habe keine Gestalt' usw., aber in Kapitel XI sagte er: ‚Ich überschreite die drei Welten.' Trotzdem sah Arjuna sie in ihm. Sri Krishna sagte wiederum: ,Ich bin die Zeit.' Hat denn die Zeit eine Gestalt? Wenn das Universum seine Gestalt ist, sollte sie dann nicht gleichbleibend und unveränderlich sein, da er der Unveränderliche ist? Sri Krishna löste diesen offensichtlichen Widerspruch, indem er zu Arjuna sagte: ,Sieh in mir alles, was du sehen willst', was bedeutet, dass sich seine Gestalt je nach Wunsch und Vorstellung des Sehers verändert. Die Menschen sprechen von göttlichen Visionen, malen sie sich trotzdem verschieden aus je nachdem, wer der Seher der Szene ist. Selbst Hypnotiseure können bewirken, dass man seltsame Szenen und Phänomene sieht, die du als Tricks und Schwindel verdammst, während du ersteres als göttlich lobst. Warum dieser Unterschied? Tatsächlich ist alles Gesehene unwirklich, ob es nun von den Sinnen oder vom Geist als reine Vorstellungen kommt. Das ist die Wahrheit."

4. Januar 1937

5. Ein Schüler machte die Bemerkung, dass Sri Bhagavan oft sagt, *maya* und die Wirklichkeit seien dasselbe. „Wie ist das möglich?"

Bh.: „Shankara wurde für seine Sichtweise von *maya* kritisiert, ohne dass man ihn verstanden hat. Er sagte 1: *Brahman* ist wirklich, 2. Das Universum ist unwirklich und 3. *Brahman* ist das Universum. Er ist nicht beim zweiten Punkt stehen geblieben, weil der dritte Punkt die beiden anderen erklärt. Das bedeutet, dass das Universum wirklich ist, wenn man es als Selbst wahrnimmt, und unwirklich, wenn man es als vom Selbst getrennt wahrnimmt. Deshalb sind *maya* und die Wirklichkeit ein und dasselbe."

Nach dem Ersten Weltkrieg entstand eine neue politische Ideologie im Westen. Die Menschen duldeten keine Autorität mehr. Die Kräfte, die diese Ideologie freisetzten, und der Geist der Rebellion, der sich überall verbreitete, hatten so große Auswirkungen, dass dieser Einfluss dem Großteil der neuen Weltliteratur ihren Stempel aufdrückte. Sie drang selbst in den spirituellen Bereich vor und beeinflusste die Sichtweise der kommenden Generation von Predigern, die zu den Messiassen eines neuen Zeitalters wurden.

Die wahrhaft Suchenden waren somit zwischen dem Geist des neuen Zeitalters und dem der ehrwürdigen Traditionen und Schriften gefangen, die jahrhundertelang spirituelle Giganten hervorgebracht hatten, die Millionen von Menschen „vom Unwirklichen zum Wirklichen und vom Tod zur Unsterblichkeit" geführt hatten. Es ist daher ein kleines Wunder, dass verwirrte, ernste, wahrheitshungrige Menschen sorgenvoll zum Maharshi kamen, um in der Not seinen Rat einzuholen oder einen Guru zu suchen.

Juni 1937

1. Besucher: „Ich bin einer bestimmten philosophischen Richtung gefolgt, die völlig auf Gurus verzichtet. Aber nach vielen Jahren tiefen Nachdenkens bin ich jetzt zum Schluss gekommen, dass auf dem schwierigen Weg, der zur spirituellen Befreiung führt, ein Führer unbedingt nötig ist. Ich glaube, dass Bhagavan das Höchste erreicht hat, und bitte ihn deshalb, mich aufzuklären."

Bh.: „Alle Schriften empfehlen spirituelle Lehrer. Der Guru ist nichts anderes als das Ziel, das die Menschen suchen, das Selbst. Da sich der Geist des Suchers nach außen richtet, nimmt das Selbst eine menschliche Gestalt als Guru an, um zu helfen, ihn nach innen zu treiben. Thayumanavar sagt, dass Gott, das Selbst oder der Guru als Mensch erscheint, um die Unwissenheit des Menschen zu vertreiben, wie ein Reh als Köder dient, um ein wildes Reh zu fangen. Er muss in einem Körper erscheinen, um die Wahrnehmung des Suchers ‚Ich bin der Körper' zu vertreiben."

2. Sri Dilip Kumar Roy vom Sri Aurobindo Ashram sang heute Morgen in der Gegenwart des Maharshi in der Halle Lieder und stellte am Abend folgende Frage: „Einige Leute erzählen von dir, du habest gesagt, dass kein Guru nötig sei. Andere berichten das Gegenteil. Was sagt der Maharshi?"

Bh.: „Ich habe nie gesagt, dass ein Guru unnötig sei."

D.: „Sri Aurobindo und andere sagen, du habest keinen Guru gehabt."

Bh.: „Das hängt davon ab, was du unter einem Guru verstehst. Er muss keine menschliche Gestalt haben. Dattatreya hatte vierundzwanzig Gurus: die fünf Elemente – Erde, Wasser usw. – was bedeutet, dass jeder Gegenstand in dieser Welt sein Guru war. Ein Guru ist unbedingt nötig. In den Upanishaden heißt es, dass nur ein Guru den Menschen aus dem Dschungel des Verstandes und der Sinnesobjekte herausführen kann. Also muss es einen Guru geben."

D.: „Ich meine einen menschlichen Guru. Der Maharshi hatte keinen."

Bh.: „Ich hatte vielleicht zur einen oder anderen Zeit einen. Aber habe ich nicht Lieder für Arunachala gesungen? Was ist ein Guru? Der Guru ist Gott oder das Selbst. Zuerst betet ein Mensch zu Gott, er möge seine Wünsche erfüllen. Dann kommt eine Zeit, wenn er nicht mehr um die Erfüllung materieller Wünsche bittet, sondern um Gott selbst. Gott erscheint ihm dann in der einen oder anderen Gestalt, sei sie menschlich oder nicht, um ihn zu sich zu führen und so seine Bitte und seine Bedürfnisse zu erfüllen."

3. Frau Jinarajadasa, eine langjährige Theosophin und spätere Nachfolgerin von Sri J. Krishnamurti, fragte: „Bei Frau Besants verbrachten wir viel Zeit damit, über die Meister zu meditieren. Sind denn Meister wirklich so wichtig?"

Bh.: „Meister existieren äußerlich so lange als der Schüler glaubt, der Körper zu sein. Als solche sind sie nötig, um ihn die Wahrheit über sich selbst zu lehren. Wenn der Schüler einmal die Wahrheit erfährt und die Körper-Illusion zerbricht, erkennt er, dass der Meister dasselbe ist wie er, nämlich das höchste Bewusstsein oder Selbst. Wenn es Meister außerhalb des Selbst gibt, dann sind sie nicht wirklich. Sie sind nur äußerliche Zugaben, denn wer kommt, der geht auch wieder, d.h. er ist unwirklich. In Wirklichkeit sind Selbst, Meister und Gott ein und dasselbe."

Frau de Rathonyi: „Ach! Wir sind weit von dieser Wahrheit entfernt!"

Bh.: „Wie viele Meilen bist du davon entfernt? Leugnest du denn deine Existenz? Wenn nicht, wie kannst du dann die Wirklichkeit leugnen, die reine Existenz, das Selbst, ist?"

11. MEDITATION

Meditation bedeutet für viele Individuen Unterschiedliches – vom stillen Brüten über ein Konzept oder ein Ideal bis hin zur Schönheit der höchsten spirituellen Kontemplation. Aber im *sadhana*, wie es der Maharshi darlegt, meint Meditation, gleichgültig mit welcher Methode, streng genommen der Versuch, das Denken, die beständigen Gedankenwellen zu beruhigen, damit das stille Meer des reinen Gewahrseins, aus dem sie entstehen und auf dem sie sich bewegen, erfahren wird.

Für Anfänger ist diese Geisteskontrolle ein erheblicher Kraftakt, aber der Meister ermuntert sie, weiterzugehen und bei allen Gelegenheiten zu üben, um damit zu beginnen. Er bläut uns beständig den anregenden Gedanken ein, dass wir bereits selbstverwirklicht sind, nur dass wir uns dessen nicht gewahr sind. Deshalb sollte das Hindernis für dieses Gewahrsein durch die Ergründung, *vichara*, beseitigt werden, die so logisch wie auch einfach ist.

Nach ihm ist diese „Selbsterkenntnis" (*atma vidya*), vielmehr der Weg zur Selbsterkenntnis, „das Leichteste, das es gibt." Aber nach den Fragen zu urteilen, die ihm ständig gestellt wurden und später seinen Schülern, scheint viel Vorarbeit nötig zu sein, bevor dieser zentrale Gedanke sich im Sucher verfestigt. Die offensichtliche Meinung des Meisters scheint zu sein, dass abgesehen von der psychologischen Wirksamkeit des *vichara*, den Geist mit nur einem Thema unter Ausschluss aller anderen zu beschäftigen, gute Ergebnisse erzielt werden, wenn es beharrlich geübt wird. Es zielt darauf ab, die Schwingungen des Denkprozesses zu reduzieren und somit den Geist zugänglicher für die Konzentration auf die äußerst wichtige Arbeit zu machen, die folgen muss und die in sich eine großartige Leistung ist. Eine Antwort auf die Frage „Wer bin ich?" zu finden, ist am Anfang nicht der unmittelbare Grundgedanke der Übung. Das erste Ziel ist, den rastlosen, launenhaften Geist zu stabilisieren und zu festigen. Das kann durch beständige Übung erreicht werden und dadurch, dass man den Geist beständig zum Subjekt seiner Meditation zurückzieht, sooft er abweicht.

Wenn der Geist einen merklichen Grad an Konzentration erlangt hat, was heißt, dass er an Tiefe gewonnen hat, ist es an der Zeit, an die Antwort zu denken. Einige *sadhakas* haben das Glück, bereits mit einem Geist zu beginnen, der entweder natürlich, durch Übung oder durch intensiven Eifer an die Konzentration gewohnt ist, sodass sie direkt *vichara* üben und somit mehr oder weniger schnell ohne viel Anstrengung einen Fortschritt verzeichnen können, je nach Intensität ihrer Entschlossenheit. Denn der Meister sagt uns, dass geistige Stille, d.h. ein kontrollierter Geist, für eine erfolgreiche Meditation unbedingt nötig ist.

Die nächste Erfahrung beim *vichara* scheint zu sein, dass wo und wie lange man in der Meditation nach einer Antwort sucht, man sie gewiss nicht im physischen Körper finden wird, denn kein Teil von ihm ist intelligent genug, den Test der Analyse zu bestehen oder eine Antwort zu geben. Selbst wenn der Meditierende seinen Körper ganzheitlich betrachtet und ihm den Namen Krishna oder Peter gibt, wird er früher oder später erkennen, dass es nur sein Geist ist, der auch dafür verantwortlich ist wie für alle anderen Gedanken und Empfindungen. So wird die sorgfältige Untersuchung und scharfe Beobachtung schließlich zur Erkenntnis führen, dass der Geist der Wahrnehmende, der Wünschende und Genießende einer Welt ist, die völlig aus seinen eigenen Gedanken besteht, denn der Geist erkennt nichts anderes als seine eigenen Vorstellungen.

Die endgültige Erfahrung, die man sammelt, bezieht sich auf das lebhafteste Stadium von *vichara*, wenn die obige Tatsache zur festen Überzeugung geworden ist und der Sucher unablässig mit seiner Ergründung fortfährt, jetzt nicht mehr auf den unbewussten Körper bezogen, sondern auf das eigentliche Wesen des Geistes, da er entdeckt hat, dass sich aus ihm der Ich-Gedanke erhebt. Die Meditation hat den Sucher inzwischen fest im Griff und ihn von einer einst schmerzhaften und anscheinend ergebnislosen Anstrengung zu einem freudig-erwartungsvollen, eifrigen Üben gebracht, das er nicht länger aufgeben oder erlahmen lassen kann. Die Denkprozesse haben merkbar nachgelassen und somit auch die Unruhe des Geistes. Tiefgreifender Friede und innere Freude bewirken eine häufigere und längere Meditation, die wiederum das Denken noch mehr reduziert, bis sich der Augenblick völliger Reife einstellt, wenn plötzlich alle Gedanken völlig aufhören und der Meditierende, das Ich, nichts mehr hat, was ihn stören oder beschäftigen könnte, und sich spontan in seinem reinen Sein wiederfindet, das der absolute Zustand oder die Grundlage ist. Das meint Patanjali in seinem zweiten oder dritten Yoga-Sutra, wenn er sagt: „Yoga ist die Unterdrückung des *vritti* (die Veränderungen im Denkprozess). Dann ruht der Seher in sich selbst."

Und was ist dieses Selbst in der tatsächlichen Erfahrung? Sri Bhagavan sagt uns, dass es das Licht ist, das immer in der Höhle des Herzens als die Flamme des Bewusstseins „Ich-Ich", als das ewige und selige *sat-chit-an-danda* erstrahlt. Dies ist die Antwort auf die Ergründung (*vichara*) und ihre Erfüllung. Das Ich, das eine entschlossene und langwierige Ergründung seines eigenen Wesens vollzogen hat, hat schließlich herausgefunden, dass es nichts anderes als der reine Geist, das makellose Sein ist, das ewig von seliger Stille umhüllt ist. Das ist *turiya*, der vierte Zustand, oder *Samadhi*. Es bleibt für einen nichts weiter zu erreichen übrig, als diesen Zustand in die dauerhafte Erfahrung von *Sahaja Nirvikalpa* zu verfestigen, was die Große Befreiung ist.

Die *sadhakas* werden von der persönlichen Versicherung des Maharshi und dem Zeugnis jener, die den endgültigen Frieden gefunden haben, ermutigt und strengen sich weiterhin unnachgiebig an, wie wirkungslos es ihnen auch anfangs erscheint. Sie bauen fest darauf, dass ihr Unterfangen von der göttlichen Gnade getragen wird und sie mit der größten aller Kronen, der Krone der höchsten Erleuchtung bedacht werden.

16. Mai 1936

1. Herr C. erzählt, dass die Sutren des Patanjali ihn sehr beeindruckten, als er sie 1926 gelesen hat. Die ersten Sutren hätten ihn von der Wahrheit der Lehre überzeugt, aber leider hätte er niemanden gehabt, der ihn richtig führen konnte, bis er 1936 Sri Bhagavan getroffen habe.

Bh.: „Patanjalis erste Sutren sind der Höhepunkt aller Yoga-Systeme. Alle Yoga-Arten bezwecken das Beenden des *vritti* (der Gedankenbewegung).[5] Das kann auf verschiedene Weise, wie in den Schriften erwähnt, durch Geisteskontrolle erreicht werden, die das Bewusstsein von allen Gedanken

---

[5] „Dies ist die Unterweisung in Yoga. Yoga ist die Kontrolle der Gedankenbewegung. Dann verweilt der Seher in sich selbst."
(Yoga Sutras 1-3, s. Übersetzung aus dem Sanskrit ins Englische von Miles Wright: https://behindmyhand.blogspot.com/2019/04/patanjali-describes-yoga.html)

befreit und rein hält. Es ist nötig, sich anzustrengen. In der Tat ist die Anstrengung selbst Yoga."

C.: „Ich vermute, dass man sich anstrengen muss, wenn man wach ist, was bedeutet, dass *moksha* nur in *jagrat* (im Wachzustand) erlangt werden kann."

Bh.: „Genau, für die Geisteskontrolle ist Bewusstsein nötig. Wer ist es sonst, der sich anstrengt? Du kannst sie nicht im Tiefschlaf oder unter Drogeneinfluss üben. Auch *mukti* muss bei vollem Bewusstsein erlangt werden, weil die Wirklichkeit reines Bewusstsein ist."

C.: „Es scheint nichts als Bewusstsein zu geben, denn um etwas zu erkennen, muss es Erkenntnis geben. Dem können wir nicht entkommen."

Bh.: „Gewiss. Subjektive Erkenntnis – das Erkennen an sich – ist *jnana*. Es ist dann das Subjekt als der Erkennende, das Objekt als das Erkannte und das Erkennen, das beide miteinander verbindet."

C.: „Das ist mir in diesem Fall nicht klar."

Bh.: „Warum? Erkenntnis ist das Licht, das den Seher mit dem Gesehenen verbindet. Nimm einmal an, du sucht ein Buch in einer Bibliothek, in der es stockfinster ist. Kannst du es ohne Licht finden, obwohl du, das Subjekt, und das Buch, das Objekt, beide da seid? Es muss Licht geben, um euch zu verbinden. Diese Verbindung zwischen Subjekt und Objekt in jeder Erfahrung ist *chit*, Bewusstsein. Es ist sowohl das Substrat als auch der Zeuge der Erfahrung. Bei Patanjali ist es der Seher."

18. Juni 1936

2. Ein Polizeibeamter im Ruhestand dachte daran, sich nach seinem 60. Geburtstag zurückzuziehen. Er hielt die Meditation für eine ernste Angelegenheit und bat einen Schüler um Führung. Der aber riet ihm, seine Schwierigkeiten dem Meister vorzutragen, was er heute getan hat.

Besucher: „Bhagavan, wenn ich meditiere, wird mein Kopf ganz heiß, und wenn ich weiter meditiere, brennt mein ganzer Körper. Was kann dagegen helfen?"

Bh.: „Wenn man sich mit dem Gehirn konzentriert, stellt sich ein Hitzege-fühl und sogar Kopfweh ein. Man muss sich im Herzen konzentrieren. Dort ist es kühl und erfrischend. Entspann dich, und deine Meditation wird leicht sein. Habe einen stetigen Geist, indem du freundlich alle eindringenden Ge-danken abwehrst, aber ohne Anspannung. Dann wirst du bald Erfolg haben."

1. Juli 1936

3. Ein Devotee, der lange bevor er mit dem Ashram in Verbindung trat im-mer wieder in eine Art Trance fiel, in der er nicht das Selbst, sondern eine Leere wie ein blanker Himmel sah, erzählte Sri Bhagavan von seiner Erfah-rung.

Bh.: „Derjenige, der die Leere sieht, ist das Selbst."

D.: „Meditation ist nur mit Geisteskontrolle möglich, die nur durch Medita-tion erreicht werden kann. Ist das kein grausamer Kreislauf?"

Bh.: „Sie sind voneinander abhängig. Tatsächlich beinhaltet Meditation Geisteskontrolle, die sublime Wachsamkeit gegen eindringende Gedanken. Am Anfang sind die Anstrengungen größer, die Gedanken zu kontrollieren, als die tatsächliche Meditation, aber schließlich gewinnt die Meditation und wird mühelos."

D.: „Dafür ist deine Gnade nötig."

Bh.: „Übung ist nötig. Gnade ist da."

D.: „Muss man während der Meditation im Geist Wörter wiederholen?"

Bh.: „Was ist Meditation anderes als die geistige Wiederholung von einer Vorstellung? Es ist geistiges *japa*, das mit Wörtern beginnt und in der Stille des Selbst endet."

4. Ein Besucher hat beim Meditieren große Schwierigkeiten, wenn er mit dem kämpft, was er für sein Ego hält. Er ging zum Meister, um das zu über-prüfen.

Besucher: „In meiner Meditation versuche ich, das falsche Ich zu beseitigen, aber bis jetzt ohne Erfolg."

Bh.: „Wie kann das Ich sich selbst beseitigen? Alles, was du tun musst, ist, seinen Ursprung zu finden und in ihm als dein wahres Selbst zu verbleiben. Bis dahin kann deine Anstrengung gehen. Das, was jenseits davon ist, wird sich um sich selbst kümmern."

Besucher: „Bhagavan, du sagst, dass das Selbst immer da ist. Wenn ich da bin, warum spüre ich es dann nicht?"

Bh.: „Spürst du jetzt nicht, dass du existierst? Du zweifelst daran, ob du immer existieren wirst. Warum zweifelst du? Ein bisschen Nachdenken wird dich davon überzeugen, dass der zerstörbare Teil deines Seins, der Körper, eine reine Maschine ist, ein Werkzeug im Dienst des Unzerstörbaren, des Geistes, der alles in allem ist, der Erkennende und der Meister – du selbst. Deine Zweifel und Schwierigkeiten kommen von deinen Gedanken, die den Körper wahrnehmen und ihn für dich selbst halten. Gebiete den Gedanken Einhalt, die dein Feind (das Ego) sind, und der Geist wird als dein reines Sein, das unsterbliche Ich, übrigbleiben. Das ist der beste Weg, das Ego zu beseitigen."

2. Januar 1937

5. Besucher: „Mir wurde gesagt, das *Mantra japa* eine sehr wirkungsvolle Übung sei."

Bh.: „Das Selbst ist das größte aller Mantren und wiederholt sich von selbst und ewig. Wenn du dir dieses inneren Mantras nicht gewahr bist, solltest du bewusst *japa* üben, was mit Anstrengung geschieht, um alle anderen Gedanken abzuwehren. Wenn du dich ständig darauf konzentrierst, wirst du dir schließlich des inneren Mantras gewahr werden, was der Zustand der Verwirklichung ist, und er ist anstrengungslos. Die Festigkeit in diesem Gewahrsein wird dich beständig und mühelos im Fluss halten, wie sehr du auch mit anderen Tätigkeiten beschäftigt sein magst. Wenn man den vedischen Gesängen und Mantren zuhört, hat das dieselbe Wirkung wie die bewusste Wiederholung von *japa* – ihr Rhythmus ist *japa*."

6. Besucher: „Wie verhindert man, dass man während der Meditation einschläft?"

Bh.: „Wenn du versuchst, den Schlaf zu verhindern, bedeutet das, dass du während der Meditation denkst, was vermieden werden muss. Aber wenn du während der Meditation einschläfst, wird sich die Meditation auch im Schlaf und danach fortsetzen. Doch da der Schlaf ein Gedanke ist, muss man ihn loswerden, denn der natürliche Zustand muss bewusst im Wachzustand (*jagrat*) erlangt werden, ohne störende Gedanken. Wachen und Schlafen sind nur Bilder auf der Leinwand des angeborenen gedankenfreien Zustands. Lass sie unbemerkt verstreichen."

27. Juli 1942

7. Ein Chefingenieur der Eisenbahn aus Nordindien blieb über einen Monat im Ashram, um aus erster Hand in die Meditation eingeführt zu werden.

Ing.: „Ich bin ein Meditationsanfänger. Ich bitte Bhagavan, mich zu führen. Du hältst uns dazu an, mit der Ergründung ‚Wer bin ich?' weiterzumachen. Darf ich fragen, wohin sie mich führen wird?"

Bh.: „Sie bedeutet nicht nur zu fragen. Du musst der Bedeutung dieser Frage nachgehen. Viele meditieren über bestimmte Körperzentren, bis sie darin aufgehen, aber früher oder später müssen sie ihr eigenes Wesen ergründen. Das ist unvermeidlich. Warum willst du dich dann nicht sofort auf dein Selbst konzentrieren, bis du in seiner Quelle aufgehst?"

Ing.: „Zwanzig Jahre lang habe ich mich auf bestimmte Chakren konzentriert. Ich habe Dinge gesehen und Töne gehört, aber ich bin der Wahrheit nicht näher gekommen. Soll ich jetzt ‚Wer bin ich?' fragen, sobald ein Gedanke in meinem Geist auftaucht?"

Bh.: „Genau. Solange du nicht von äußeren Gedanken gestört wirst, verweile bei der Bedeutung der Frage. Das Ziel ist, die Wurzel des Ich-Empfindens zu erreichen, indem man beständig die mentalen Prozesse ausschaltet."

8. Besucher: „Soweit ich sehen kann, ist es unmöglich, das Selbst zu verwirklichen, solange man nicht völlig die eilenden Gedanken verhindern kann, nicht wahr?"

Bh.: „Nicht ganz. Du musst andere Gedanken nicht verhindern. Im Tiefschlaf bist du völlig frei von Gedanken, weil der Ich-Gedanke nicht da ist. In dem Augenblick, in dem sich der Ich-Gedanke beim Aufwachen erhebt, eilen auch alle anderen Gedanken spontan heraus. Deshalb ist es das Weiseste, was man tun kann, diesen Leitgedanken, den Ich-Gedanken, festzuhalten und zu analysieren, wer und was er ist, und dadurch den anderen Gedanken keine Chance zu geben, einen abzulenken. Darin liegt der wahre Wert des *vichara* und seine Wirksamkeit bei der Gedankenkontrolle."

19. Februar 1937

9. Ein Besucher fragte: „Welche Meditation (*dhyana*) ist die beste?"

Bh.: „Die beste Meditation ist die, die in allen drei Zuständen andauert. Sie muss so intensiv sein, dass sie nicht einmal dem Gedanken ‚Ich meditiere' Raum gibt. Wenn der Wach- und Traumzustand völlig von ihr in Beschlag genommen wird, gilt auch der Tiefschlaf als undifferenzierte Meditation (*dhyana*)."

Besucher: „Worin besteht der Unterschied zwischen *Sushumna nadi* und *atma nadi?*"

Bh.: „Die *Sushumna* ist das zentrale *nadi*, das bei der Ausübung von Yoga wirkt, das heißt im dynamischen *dhyana* und bei der Erlangung von übernatürlichen Kräften (*siddhis*). Die Yogis behaupten, dass sie im *sahasrara*, dem Gehirn, endet. *Atma nadi*, *para nadi* oder *amrita nadi* ist der Kraftstrom, der sich im statischen *dhyana* des *Jnana marga* (des Weges der Erkenntnis) vom Herzen zum *sahasrara* erhebt, was zur Selbstverwirklichung führt. Die *Sushumna* muss sich schließlich im *atma nadi* auflösen, das sie unterstützt. Die *nadis* sind das Nervensystem, in dem das Bewusstsein vom Herzen in den ganzen Organismus strömt."

10. Herr C. fing Sri Bhagavan auf seinem Rückweg vom Berg ab.

C.: „Sri Aurobindo spricht von zwei Kräften, die die yogische Übung beeinflussen: die horizontale und die vertikale. Ich verstehe das nicht."

Bh.: „Alle Kräfte kommen vom Selbst, das keine Richtungen kennt. Aber Sri Aurobindo spricht vielleicht bildlich von der dynamischen Kraft, die von der Konzentration auf das Kopf-Zentrum (oder auf die *kundalini shakti*) herrührt und von der statischen, die vom *vichara dhyana* im Herzen herrührt."

Später am Abend fragte Herr C.: „Bhagavan spricht von *Samadhi*, Trance. Ich verstehe das als den völligen Verlust des Körperbewusstseins. Ich fürchte, ich werde es nie erlangen. Ich finde es sogar schwierig einzuschlafen. Ist es vor der Selbstverwirklichung nötig?"

Bhagavan lachend: „In diesem Fall müsstest du Chloroform nehmen. *Samadhi* ist der Zustand des Selbst. Was verstehst du unter dem völligen Verlust des Körperbewusstseins? Du stellst ihn dir sicher nicht so vor, dass du in eine Art Katalepsie oder Tiefschlaf fällst. Im *Samadhi* ist der Geist im Wachzustand (*jagrat*), aber da er frei von Gedanken ist, genießt er die Seligkeit des Tiefschlafs (*sushupti*), in dem der Geist sich zurückzieht. Im *Samadhi* ist der Geist so wachsam, dass er *Brahman* erfährt. Wäre er nicht so völlig wach, wie könnte er dann *Brahman* erkennen? Tatsächlich wird er selbst zu *Brahman*. Vermittelt eine Trance diese Vorstellung? Wenn nicht, bedeutet das Wort nicht *Samadhi*."

C.: „Gehen Karma Yogis und *Bhaktas* auch durch *Samadhi*?"

Bh.: „*Samadhi* bedeutet, durch Konzentration und Gedankenkontrolle ins Herz einzugehen. Karma und *Bhakti* Yogis erlangen ebenfalls *Samadhi*, wenn sie üben. Tatsächlich erlangen die meisten von ihnen schließlich *mukti* durch die *vichara*-Methode."

11. Herr C. liest für sich die „Vierzig Verse" von Sri Bhagavan in der Halle. Vers 30 fasziniert ihn.[6] Er liest ihn laut vor und sagt: „Ich verstehe diesen Vers so, dass die Ergründung mit dem Geist beginnen muss und nicht mit dem Herzen, aber Bhagavan spricht immer vom Herzen, vielleicht als letzte Stufe der Übung."

Bh.: „Genau. Es muss mit dem Geist beginnen, der sich nach innen wendet, um den eilenden Gedanken entgegenzutreten und den Ort des Ichs zu erkennen. Wenn der Geist allmählich ins Herz hinabsinkt, herrscht ein überwältigendes Gefühl unzerstörbarer Seligkeit. Dieses Empfinden ist nicht vom reinen Gewahrsein getrennt, d.h. Kopf und Herz werden ein und dasselbe."

C.: „In Vers 266 von Vivekachudamani sagt Sri Shankara, dass *Brahman* durch den subtilen Verstand (*buddhi*) verwirklicht werden kann, was bedeutet, dass der Verstand von großer Hilfe sein kann, ja tatsächlich für die Verwirklichung unverzichtbar ist."

Bh.: „Das Wort *buddhi* wird richtig mit subtilem Verstand übersetzt, aber hier bedeutet es die Höhle des Herzens. Trotzdem kann auch der subtile Verstand *Brahman* verwirklichen und ist deshalb von allergrößter Bedeutung." Er las Vers 266 laut vor: „In der Höhle von *buddhi* (dem subtilen Verstand) ist *Brahman*. Es unterscheidet sich vom Grobstofflichen und Subtilen und ist die absolute Existenz, das Höchste, das Eine ohne ein Zweites. Wer als *Brahman* in dieser Höhle lebt, oh Geliebter, der kann nicht mehr in den Mutterleib einer Frau eintreten."

---

[6] „Wenn der Geist sich nach innen wendet und erforscht: ‚Wer bin ich?' und das Herz erreicht, neigt das Ich schamvoll sein Haupt, und das Eine erscheint spontan als ‚Ich-Ich'. Doch obwohl es auf diese Art erscheint, ist es nicht das Ego-Ich, sondern die vollkommene Wirklichkeit, das wahre Selbst." (Ramana Maharshi: Über die Wirklichkeit, S. 27)

12. Herr C.: „Das Vivekachudamani sagt, dass das Ich-Ich-Bewusstsein ewig im Herzen erstrahlt, aber dass sich keiner dessen bewusst ist."

Bh.: „Ja, ausnahmslos alle Menschen haben es, in welchem Zustand sie sich auch befinden, ob sie wachen, träumen oder im Tiefschlaf sind, ob sie sich dessen bewusst sind oder nicht."

C.: "In Sat-Darshana-Bhasyha[7], im Kapitel der Gespräche, ist mit dem Ich-Ich das absolute Bewusstsein gemeint. Trotzdem hat mir Bhagavan einmal gesagt, dass jede Verwirklichung vor *Sahaja Nirvikalpa* nur rein verstandesmäßig sei."

Bh.: "Ja. Das Ich-Ich-Bewusstsein ist das Absolute. Obwohl es vor *Sahaja* eintritt, gibt es in ihm wie auch in *Sahaja* den subtilen Verstand. Der Unterschied besteht darin, dass bei letzterem der Sinn für die Gestalten verschwindet, was bei ersterem nicht der Fall ist."

C.: „Bhagavan, du hast gestern gesagt, dass es im menschlichen Körper ein Loch gibt, das so klein wie eine Nadelspitze ist, aus dem das Bewusstsein immer in den Körper herausprudelt. Ist es offen oder geschlossen?"

Bh.: „Es ist immer geschlossen, da es der Knoten der Unwissenheit ist, der den Körper an das Bewusstsein bindet. Wenn der Geist vorübergehend in *Kevala Nirvikalpa* fällt, öffnet es sich, schließt sich aber wieder. In *Sahaja* bleibt es immer offen."

C.: „Wie ist es während der Erfahrung des Ich-Ich-Bewusstseins?"

Bh.: „Dieses Bewusstsein ist der Schlüssel, der es immer öffnet."

13. Herr C.: "Führt die Ergründung 'Wer bin ich?' zu irgendeinem Ort im Körper?"

Bh.: „Offensichtlich steht das Selbstbewusstsein in Verbindung mit dem Individuum und muss deshalb von ihm erfahren werden, mit einem Zentrum

---

[7] Ganapati Munis Sanskrit-Übersetzung der "Vierzig Verse" mit dem Kommentar von Kapali Sasti, die auch Kapalis Aufzeichnungen der Gespräche mit dem Maharshi enthält.

im Körper als Zentrum der Erfahrung. Es gleicht dem Dynamo einer Maschine, der alle Arten von elektrischer Arbeit hervorbringt. Er hält nicht nur das Leben des Körpers und die Aktivitäten all seiner Teile und Organe aufrecht, seien sie bewusst oder unbewusst, sondern auch die Verbindung zwischen der physischen Ebene und den subtileren Ebenen, aufgrund derer das Individuum funktioniert. Wie der Dynamo vibriert es und kann vom stillen Geist, der darauf achtet, gespürt werden. Die Yogis und *sadhakas* nennen es *sphurana*, das in *Samadhi* mit dem Bewusstsein erstrahlt."

C.: „Wie kann man dieses Zentrum erreichen, in dem das, was du das ultimative Bewusstsein – das ‚Ich-Ich'– nennst, auftaucht? Indem man einfach ‚Wer bin ich?' denkt?"

Bh.: "Ja, es wird dich dorthin bringen. Du musst es mit einem stillen Geist tun. Geistige Stille ist wesentlich."

C.: „Wie manifestiert sich dieses Bewusstsein, wenn das Zentrum, das Herz, erreicht wird? Werde ich es bemerken?"

Bh.: „Gewiss, du bemerkst es als reines Bewusstsein, das frei von allem Denken ist. Es ist das reine, ungebrochene Gewahrsein deines Selbst, vielmehr des Seins. Man kann es nicht verwechseln, wenn es rein ist."

C.: „Wird die vibrierende Bewegung des Zentrums gleichzeitig mit der Erfahrung des reinen Bewusstseins gespürt oder davor oder danach?"

Bh.: „Sie sind beide ein- und dasselbe. Aber das *sphurana* kann auf subtile Weise auch gefühlt werden, wenn die Meditation genügend stabil und tief geworden ist und das ultimative Bewusstsein sehr nahe ist oder während eines plötzlichen großen Schreckens oder Schocks, wenn der Geist stillsteht. Es zieht die Aufmerksamkeit auf sich, sodass der Geist des Meditierenden, der durch die Stille sensibel geworden ist, sich dessen gewahr wird, von ihm angezogen wird und schließlich in es, das Selbst, eintaucht."

C.: "Ist das Ich-Ich-Bewusstsein die Selbstverwirklichung?"

Bh.: „Es ist der Auftakt. Wenn es dauerhaft wird (*sahaja*) ist es die Selbstverwirklichung, die Befreiung."

Das Wort *Nirvikalpa* bedeutet, besonders für einige westliche Yogastudenten, das tiefgründigste und furchtbarste Wunder, das keiner zu durchdringen wagt, ohne das Risiko einzugehen, sich selbst völlig auszulöschen.

Eines Tages im September 1936 holte ich mir aus der Ashram-Bibliothek „The Life of Ramakrishna" von Romain Rolland[8], setzte mich in die Halle und blätterte es durch. Meine Augen fielen auf das Kapitel über Ramakrishna *Paramahamsas* Kontakt mit Bhaivari und Totapuri[9] und wanderten zu anderen Stellen des Buchs. Es war ein faszinierendes Kapitel voller umwerfender Rhetorik über das Unpersönliche, Unmanifeste, Gestaltlose, Bedingungslose und das Absolute, vor dem der Autor trotz allem große Angst zu haben schien. Ich war getroffen von der literarischen Schönheit, aber offen gesagt auch verwirrt von einigen Stellen, besonders von jener auf Seite 58: „Beide (*Paramahamsa* und Bhairavi) wichen instinktiv vor der blendenden Vision, dem letzten Abgrund, dem Unpersönlichen zurück. Ich habe bereits gesagt, dass der gestaltlose Gott auf ihn (*Paramahamsa*) mit seinem ganzen Schrecken und seiner ganzen Anziehungskraft wartete." (S. 59)

Über Nirvikalpa heißt es auf den Seiten 81 und 82: „Als der junge Naren ihn bedrängte, *Nirvikalpa Samadhi*, die schreckliche Tür, die an den Abgrund des Absoluten führt, für ihn zu öffnen, wies Ramakrishna das verärgert zurück."

„Während Vivekandanda meditierte, „verlor er plötzlich das Bewusstsein und wurde vom Absoluten absorbiert. Er war in die Tiefen des schrecklichen *Nirvikalpa Samadhi* gefallen." (S. 307)

Über die Befreiten (*muktas*) (S. 58 und 59): „Seit langem fühlte Ramakrishna nicht ohne Angst, dass der gestaltlose Gott ihn umgab und die unmenschliche, übermenschliche Indifferenz [...] dieser *Paramahamsas* ... die für immer von allem losgelöst waren, schreckliche Asketen, die von Körper und Geist entblößt waren, des letzten Schatzes des Herzens beraubt, dem Diamant der Liebe des Göttlichen. Während seiner früheren Tage in Dakshineswar hatte er die schreckliche Faszination all dieser lebenden

---

[8] Rolland, Romain: The Life of Ramakrishna, 1st ed., Advaita Ashrama, 1929
[9] spirituelle Lehrer Ramakrishnas. Bhairavi war eine Frau, die Tantra praktizierte.

Leichname (sic!) gespürt und hatte bei der Vorstellung voller Angst geweint, dass auch er in einen ähnlichen Zustand geraten möge. [...] Solch ein Mann war dazu gezwungen, die Heimat seines Herzens zu verlassen und Körper und Seele ins Formlose und Abstrakte zu versenken. Dieser Gedankengang muss seinem Wesen fremder gewesen sein als einem unserer westlichen Wissenschaftler. Aber er konnte nicht entfliehen. Dieser Schrecken faszinierte ihn wie die Augen einer Schlange."

Wie schön und „schrecklich faszinierend wie die Augen einer Schlange" ist diese Beschreibung, aber wie völlig fiktiv und irreführend kommt sie uns vor, die wir täglich, Jahr für Jahr, vor unseren Augen die höchste Befreiung, den Herrn von *Nirvikalpa Samadhi*, Sri Ramana Maharshi, sehen, dessen menschliches Herz weit davon entfernt ist, ein lebender Leichnam zu sein und wie der exquisiteste und glänzendste „Diamant der Liebe des Göttlichen" mit einer Leuchtkraft funkelt, von der wir wissen, dass sie nur „vom Unpersönlichen im gestaltlosen Göttlichen" herrührt. Man würde erwarten, dass Romain Rolland, ein Gelehrter und großer Liebhaber der indischen Philosophie, der Versuchung widerstehen würde, zu solch sublimen, albernen Höhenflügen aufzusteigen, was die Wahrheit betrifft, und damit die Leichtgläubigen zu erschrecken. Ich muss bekennen, dass ich fühlte, wie ein Schauder meinen Rücken hinablief, als ich diese Absätze las, obwohl ich über sechs Monate zu Füßen des Maharshi gelebt hatte.

Deshalb wandte ich mich an den Meister um Hilfe und fragte ihn, nachdem ich ihm einige Abschnitte vorgelesen hatte: „Ist *Nirvikalpa* eine solch schreckliche Erfahrung? Müssen wir all diese mühsamen Prozesse der Meditation, Reinigung und Disziplin ertragen, nur um am Ende in einem Schreckenszustand zu enden oder uns in einen lebenden Leichnam zu verwandeln?"

Sri Ramana lachte und sagte: „Die Leute stellen sich alles Mögliche unter *Nirvikalpa* vor. Warum sprichst du von Romain Rolland? Wenn jene, denen die Upanishaden und die vedische Tradition zur Verfügung stehen, fantastische Vorstellungen von *Nirvikalpa* haben, wer kann da einem Westler seine Vorstellungen übelnehmen?

Einige Yogis lassen es zu, dass sie durch ihre Atemübungen in einen kataleptischen Zustand fallen, der viel tiefer als der Tiefschlaf ist, in dem sie sich nichts gewahr sind, absolut nichts, und den sie dann als *Nirvikalpa* verherrlichen. Andere glauben, dass wenn man einmal in *Nirvikalpa* eingetaucht ist, man sich völlig verändert. Wieder andere glauben, dass *Nirvikalpa* nur durch Trance erreicht werden kann, in der das Bewusstsein der Welt völlig ausgelöscht ist wie in einer Ohnmacht. Das alles beruht auf ihren verstandesmäßigen Vorstellungen.

Nirvikalpa ist Bewusstsein (*chit*) – müheloses, gestaltloses Bewusstsein. Worin besteht der Schrecken und das Geheimnis, sich selbst zu sein? Bei einigen Menschen, die durch lange Übung in der Vergangenheit gereift sind, kommt *Nirvikalpa* plötzlich wie eine Flut. Bei anderen kommt es im Lauf ihres *sadhanas*, das langsam die hinderlichen Gedanken zermürbt und die Leinwand des wahren Gewahrseins ‚Ich-Ich‘ enthüllt. Weitere Übung führt dazu, dass die Leinwand ständig freiliegt. Das ist die Selbstverwirklichung, *mukti* oder *Sahaja Samadhi*, der natürliche, mühelose Zustand.“

Juni 1936

1. Herr C. wollte die genaue Bedeutung von *Samadhi* wissen.

Bh.: "*Samadhi* ist das eigene wahre Wesen.“

C.: „Ist es dasselbe wie *turiya*?“

Bh.: „*Samadhi*, *turiya* und *Nirvikalpa* bedeuten alle dasselbe, nämlich das Gewahrseins des Selbst. *Turiya* bedeutet wörtlich der vierte Zustand, das höchste Bewusstsein, um ihn von den drei anderen – dem Wachen, Träumen und dem traumlosen Tiefschlaf – zu unterscheiden. Der vierte Zustand ist ewig, beständig bzw. der Zustand, in dem die drei anderen kommen und gehen. In *turiya* gibt es das Gewahrsein, dass der Geist in seiner Quelle, dem Herzen, untergegangen ist und dort ruht, obwohl ihn noch einige Gedanken beeinflussen und die Sinne einigermaßen aktiv sind. In *Nirvikalpa* sind die Sinne inaktiv, und es gibt überhaupt keine Gedanken. Deshalb ist die Erfahrung des reinen Bewusstseins darin so intensiv. So ist es mit dem Glück. *Turiya* kann in *Savikalpa Samadhi* erlangt werden.“

C.: „Worin besteht der Unterschied zwischen *Sahaja* und *Nirvikalpa Samadhi*?“

Bh.: „*Sahaja* ist auch *Nirvikalpa*. Du meinst vielleicht *Kevala Nirvikalpa*, das nur vorübergehend ist, während *Sahaja* andauert. *Sahaja Nirvikalpa* ist dauerhaft und beinhaltet die Befreiung von der Wiedergeburt.

Es gibt zwei Arten von *Nirvikalpa*: das innere und das äußere. In ersterem geht der Geist völlig ins innerste Sein ein und ist sich nichts bewusst. Das wird mit einer Lampe verglichen, die vor dem Wind geschützt wird. Aber in letzterem herrscht immer noch das Gefühl für die Welt vor, ohne dass es im Innern eine Reaktion gibt, obwohl der Geist im Selbst absorbiert ist. Es ist wie die stille Weite eines wellenlosen Meeres. In beidem wird das Selbst in seiner Nacktheit erkannt und die Essenz des Glücks erfahren. Wenn das wellenlose Meer außen und die stetige Flamme im inneren *Nirvikalpa* als identisch erkannt werden, sagt man, dass das endgültige Ziel, *Sahaja Nirvikalpa Samadhi*, erreicht worden ist. *Nirvikalpa* ist anstrengungslos, während *Savikalpa* Anstrengung benötigt.“

C.: „Ist es unbedingt nötig, das innere *Nirvikalpa* zu erreichen, bevor man *Sahaja* erlangen kann?“

Bh.: „Wenn man beständig in einem dieser *Samadhis* bleiben kann, sei es nun *Savikalpa* oder *Nirvikalpa*, ist das *Sahaja*. Was ist Körperbewusstsein? Es ist der empfindungslose Körper plus Bewusstsein. Beides muss in einem anderen Bewusstsein liegen, das absolut und unbeeinflusst ist, immerwährend, mit oder ohne Körperbewusstsein. Was spielt es dann für eine Rolle, ob das Körperbewusstsein verloren geht oder beibehalten wird, vorausgesetzt man hält an diesem reinen Bewusstsein fest? Die völlige Abwesenheit von Körperbewusstsein hat den Vorteil, dass das *Samadhi* intensiver ist, obwohl es keinen Unterschied für die Erkenntnis des Höchsten macht.“

Juli 1936

2. Herr C.: "Bhagavan, kann ich eine klare Vorstellung davon haben, worin sich *Savikalpa* und *Nirvikalpa* unterscheiden?“

Bh.: „Wenn man am höchsten Zustand festhält, ist das *Samadhi*. Wenn es wegen der geistigen Störungen mit Anstrengung geschieht, ist es *Savikalpa*. Wenn es keine Störungen gibt, ist es *Nirvikalpa*. Wenn man beständig und ohne Anstrengung im ursprünglichen Zustand bleibt, ist es *Sahaja*. Wie in

Nirvikalpa gibt es ein inneres und ein äußeres *Savikalpa*, was davon abhängt, ob die störenden Gedanken von außen oder innen kommen."

C.: „Sollten alle *vasanas* (geistige Gewohnheiten) völlig überwunden sein, bevor sich Selbstverwirklichung einstellt, oder können auch einige übrig bleiben, die die Selbstverwirklichung dann vernichtet?"

Bh.: „Jene *vasanas* können bestehen bleiben, die die Selbstverwirklichung nicht verhindern. Im Yoga Vasishtha werden zwei Arten von *vasanas* unterschieden: jene, die Freude bringen, und jene, die Bindung bringen. Erstere bleiben auch, nachdem *mukti* erlangt worden ist, aber letztere werden durch es vernichtet. Anhaftung ist die Ursache von bindenden *vasanas*, aber Freude ohne Anhaftung bindet nicht und besteht selbst in *Sahaja* fort."

13. März 1936

3. Herr C. und Major C. waren nicht derselben Meinung, ob der Meditierende von physischen Störungen während *Nirvikalpa Samadhi* beeinflusst werden kann oder nicht. Sie brachten die Angelegenheit vor den Meister.

Bh.: "Ihr beide habt recht. Der eine bezieht sich auf *Kevala*, der andere auf *Sahaja Samadhi*. In beiden Fällen ist der Geist im Glück des Selbst untergetaucht. Im ersten Fall können physische Bewegungen den Meditierenden stören, weil der Geist nicht völlig abgestorben ist, sondern immer noch lebt und wie nach dem Tiefschlaf jeden Moment wieder aktiv werden kann. Er kann mit einem Eimer verglichen werden, der, obwohl er ganz im Wasser untergetaucht ist, vom anderen Ende des Stricks, der am Flaschenzug hängt, wieder hochgezogen werden kann. In *Sahaja* dagegen ist der Geist, der völlig ins Selbst gesunken ist, wie der Eimer, der mitsamt dem Seil im tiefen Brunnen untergetaucht ist. Es bleibt nichts mehr, was gestört oder in die Welt zurückgezogen werden könnte. Die Handlungen eines solchen Menschen erinnern an die eines Kindes, das im Schlaf Muttermilch trinkt und sich kaum dessen gewahr ist."

4. Zwei junge Männer, Sri Chakravarty und Sri Jivrajani, die seit etwa einem Jahr *sadhana* in diesem Ashram üben, führten heute eine lebhafte Diskussion über *Kevala* und *Sahaja Nirvikalpa*, wobei beide Seiten ihre Anhänger hatten. Schließlich übergaben sie ihre Angelegenheit dem Maharshi. Der Jüngere, Jivrajani, fragte: „Ist die Erfahrung von *Kevala Nirvikalpa* dieselbe als die von *Sahaja*, obwohl man in ihr wieder zur relativen Erfahrung herunterkommt?"

Bh.: „Es gibt kein Herunterkommen oder Hinaufgehen. Derjenige, der auf und ab geht, ist unwirklich. In *Kevala Nirvikalpa* existiert der geistige Eimer im Wasser immer noch. Er kann in jedem Augenblick heraufgezogen werden. *Sahaja* ist wie ein Fluss, der sich mit dem Meer verbunden hat. Daraus gibt es keine Rückkehr mehr. Warum stellst du all diese Fragen? Übe weiter, bis du selbst die Erfahrung machst."

Am nächsten Tag hörte Sri Chakravarty, dass Sri Bhagavan über diese Frage mit einem *sadhaka* sprach. Er kam nach vorne und sagte: „Bhagavan, ich möchte unseren Standpunkt klarstellen. Kann eine Person, die einmal in der Meditation die Erfahrung von *sat-chit-ananda* gemacht hat, sich wieder mit dem Körper identifizieren, wenn sie nicht meditiert?"

Bh.: „Wo ist der Körper? Ist er getrennt vom Selbst? Wenn ja, dann ist auch die Welt vom Selbst getrennt, was absurd ist, denn dann wärst du dir ihrer nicht gewahr. Gewahrsein ist das Selbst. Ein *sadhaka* beginnt, sich für den Körper zu halten, aber wenn er das Selbst erreicht, wird er sich als reine Intelligenz verstehen. Selbst der Körper erscheint dann als diese Intelligenz, wie die verschieden geformten Schmuckstücke nichts anderes als Gold sind." Nachdenklich: „Ja, es ist möglich, dass ein *sadhaka*, der das Selbst erfahren hat, sich weiterhin mit dem Körper identifiziert, wenn er nicht meditiert. Er verliert aber allmählich im Laufe seiner Übung diese Identifizierung. Im Flutlicht des Selbst verschwindet die Dunkelheit der Illusion für immer."

13. NIRVANA

5. Mai 1937

1. Ein Besucher fragte nach der Bedeutung von *Nirvana*.

Bh.: „*Nirvana* ist der Zustand, in dem das Empfinden von Trennung nicht existiert und das Ego in seine Quelle, das Herz, gesunken ist."

20. April 1937

2. Herr C. hat ein Buch mit dem Titel "*Nirvana*" von einem berühmten Theosophen gelesen. Der Autor behauptet, *Nirvana* erfahren zu haben, nachdem er eingeschlafen sei. Er habe die Meister als lebende Lichtzentren in einem Meer von Licht gesehen, was *Nirvana* gewesen sei. Herr C. konnte das mit Sri Bhagavans Lehre nicht in Einklang bringen. Deshalb fragte er den Maharshi.

Bh.: "*Nirvana* ist der vollkommene Zustand. Darin gibt es weder Sehen noch Hören oder Erfahren. Es ist nichts als reines ‚Ich-bin'-Gewahrsein. Das *Nirvana*, das du von deiner Lektüre beschreibst, ist eine reine Einbildung. [...] Nun gut, diese und andere Bewegungen sind gut, insofern sie den Menschen selbstlos machen und ihn auf die höchste Wahrheit vorbereiten. Auch Dienst führt zum selben Ziel – Selbstverwirklichung – wenn er selbstlos erfolgt."

C.: „Aber wie lange und warum sollte einer, der für die absolute Erkenntnis bereit ist, sich für das Relative interessieren?"

Bh.: „Alles geschieht zu seiner Zeit. Jemand, der für das Absolute bereit ist, wird irgendwie davon hören und mit der Übung beginnen. Er wird sofort den Wert von *atma vidya* (Selbsterkenntnis) erkennen und ihr entschlossen nachgehen."

Herz ist im vedantischen Sprachgebrauch dasselbe wie das Selbst, Bewusstsein (*chit*) oder der reine Geist. Da es absolut ist, verändert es sich nie, ist gestaltlos, ein Einziges und inaktiv. Aber da das Wort auch Zentrum bedeutet, scheint es eine Verbindung mit einer Erscheinung zu beinhalten, dessen Quelle oder Kontaktpunkt es ist. Es ist der Punkt, an dem der gestaltlose Geist (Spirit) scheinbar eine Form annimmt, d.h. er manifestiert sich in und als die Welt der Gestalten.

Obwohl die Welt mit ihren Myriaden von Gestalten, Farben, Tönen und Eigenschaften in Wirklichkeit nicht existiert bzw. für den Selbstverwirklichten identisch mit seinem eigenen Selbst ist und als Wellen oder Gedanken in seinem eigenen Bewusstsein existiert, erscheint sie dem Menschen, der damit kämpft, sich aus dem Griff der Sinne zu befreien, als zu wirklich, um einfach als reine Gedanken zurückgewiesen zu werden. Solch ein Mensch braucht Führung auf seiner eigenen Ebene und von seinem Standpunkt aus. Deshalb nennen die Schriften dieselbe Wirklichkeit verschieden: Selbst, Geist (Spirit), Geist (Mind), Herz, Seele, Gott, reines Bewusstsein, höchstes *Brahman*, die große Leere, der stille Zeuge, der Kenner des Feldes usw. und bezeichnen damit die verschiedenen Facetten, die sie für den Sucher in der phänomenalen Welt repräsentiert sowie die verschiedenen Versuche, sie zu erklären.

Das Herz ist deshalb der gemeinsame Punkt zwischen dem Selbst und der Welt (oder dem Körper), das Schaltbrett der Vermengung von Licht und Dunkelheit. Somit ist es der Sitz des Knotens der Unwissenheit (*granthi*), der die Illusion erzeugt, dass die Welt vom Selbst verschieden sei, d.h. eine Projektion in einem objektiven Raum unabhängig vom wahrnehmenden Geist.

Die Illusion entsteht aus der Tatsache heraus, dass das Leben, das vom Herzen in den Körper fließt, in ihm den Eindruck erweckt, ein Körper, eine Entität (*jiva*) zu sein, die völlig von allen anderen Entitäten getrennt und verschieden ist. Das Bewusstsein, das den Körper als Leben erfüllt, ist in seinem Wesen reines Sein (*sat*) und erkennt sich selbst instinktiv als Ich, sieht aber nichts mit den Sinnen (mit denen es gewohnheitsmäßig die Welt erkennt), auf das es die Anrede 'Ich' übertragen kann, außer den Körper.

Deshalb begreift es sich nicht als das nicht wahrnehmbare Bewusstsein und wird ein Opfer der Ur-Illusion, dass es der Körper sei. Indem es durch diese falsche Identifikation sein wahres Wesen aus den Augen verloren hat, wird es immer mehr in die *tamasischen* und *rajastischen* Bedürfnisse und das Verlangen des materiellen Körpers verwickelt und beginnt somit, selbst das Rad von Leben und Tod, Geburt und Wiedergeburt, Freude und Leid, Wissen und Nichtwissen usw. in Gang zu setzen bis zum bitteren Ende, wenn die Sehnsucht nach der Heimat und Ruhe es wachrüttelt, die Suche danach durch *tapas* und *sadhana* und die führende Gnade des göttlichen Meisters aufzunehmen.

Dieser Fall aus dem sublimen Zustand ins individuelle Bewusstsein wird vom Srimad Bhagavata folgendermaßen beschrieben: „Der *Atman*, der vom Treiben seiner *maya* im Körper fasziniert ist, denkt ‚ich' und ‚mein'."

Sri Bhagavan zeigt mit den einfachsten Worten den Weg nach Hause: „Ergründe das Wesen dieses Bewusstseins, das sich selbst als ‚Ich' erkennt, und es wird dich unweigerlich zu seiner Quelle, dem Herzen, führen, wo du unmissverständlich den Unterschied zwischen dem unbewussten Körper und dem Geist wahrnehmen wirst. Letzterer wird dann in seiner völligen Reinheit als die stets gegenwärtige, unabhängige Intelligenz erstrahlen, die erschafft, ihre Schöpfung durchdringt und auch jenseits von ihr ist, unberührt und durch nichts verunreinigt. Das Finden des Herzens wird als das Herz sein erfahren. Wenn diese Erfahrung durch beständige Übung dauerhaft wird, wird die so innig ersehnte Selbstverwirklichung oder *mukti* letztendlich erlangt, und die Illusion ‚Ich bin der Körper' ist für immer zerbrochen."

25. April 1937

1. Sri B.V. Narasimha Swami ist im Ashram, um die dritte Auflage seiner englischen Übersetzung von Sri Bhagavans Upadesa Saram mit seinem eigenen Kommentar vorzubereiten. Er bittet den Meister, ihm weitere Einzelheiten über das Herz und seine Bewegungen zu geben.

Bh.: „Das Herz ist sowohl der Sitz von *jnana* als auch der des Knotens der Unwissenheit (*granthi*). Es wird im physischen Körper von einem Loch dargestellt, das kleiner als der kleinste Stecknadelkopf ist. Es ist immer geschlossen. Wenn der Geist in *Kevala Nirvikalpa* hinabsinkt, öffnet es sich, schließt sich danach aber wieder. Wenn *sahaja* erlangt wird, öffnet es sich für immer.

Granthi ist der Knoten, der den unbewussten Körper an das Bewusstsein bindet, das in ihm arbeitet. Deshalb gibt es kein Körperbewusstsein, wenn der Knoten vorübergehend in *Kevala Nirvikalpa* gelöst wird.

Ich habe die Vibrationen des Herzens, die einem Dynamo gleichen, sogar in der Schule gespürt. Als ich vor vielen Jahren in Tiruvannamalai die Leichenstarre erfahren habe, verschwand jedes Objekt und Gefühl außer dieser Vibration. Es war, als würde eine dunkle Leinwand vor meinen Augen heruntergelassen, die die Welt völlig vor mir verbarg, doch ich war mir natürlich die ganze Zeit des Selbst bewusst und hatte das unbestimmte Gefühl, dass jemand neben mir weinte. Dieser Zustand dauerte an, bis ich mein physisches Bewusstsein wiedererlangte und fühlte, dass etwas vom Herzen zur linken Seite der Brust eilte und das Leben im Körper wiederherstellte.[10]

Plötzliche Angst, plötzliche Freude oder ein Schock lässt das Herz sehr stark vibrieren, sodass jeder es fühlen kann, der seine Aufmerksamkeit darauf richtet. Sonst wird es nur im *Samadhi* gefühlt."

23. Oktober 1936

2. Ein Student, der seine These für seine Promotion in Philosophie vorbereitet, fragte: „Es heißt, dass Gott immanent ist. Wie begründest du es, ihn auf das Herz zu beschränken?"

Bh.: „Es heißt, dass Gott auf dieselbe Weise im Herzen wohnt wie du in deinem Körper. Doch das Herz ist kein Ort. Für jene, die ihren Körper für sich selbst halten und nur über relative Erkenntnis verfügen, muss man jedoch einen Ort als Wohnstatt Gottes benennen. Tatsache ist, dass weder Gott noch wir einen Ort besetzen. Wir sind im Tiefschlaf körperlos und ohne Raum, trotzdem scheinen wir im Wachzustand das Gegenteil zu sein. *Atman* oder *Paramatman* ist das, woraus der Körper geboren wird, in dem er lebt

---

[10] Sri Ramanas Todeserfahrung am Schildkrötenfelsen, s. Ebert: Ramana Maharshi, S. 88f

und in dem er sich schließlich wieder auflöst. Die Botschaft lautet: ‚Schau nach innen!‘“

Der *Jnani*, der auch als der Erwachte, der Erleuchtete, der Selbstverwirklichte bezeichnet wird, ist ein Mensch, der, obwohl er wie jeder andere einen Körper benutzt, die Illusion zerbrochen hat, dass der Körper er selbst ist. Nach mehreren Leben anstrengender Suche hat er das Herz gefunden und erkannt, dass er nichts anderes als der höchste *Sadasiva Brahman*, das absolute Bewusstsein ohne Eigenschaften und Formen ist. Evolution, Karma, Wiedergeburt haben für ihn keine Bedeutung mehr. Obwohl er einen Körper hat, sieht er ihn wie in einem Traum oder wie ein anderes lebloses Objekt um ihn herum, außen, aber nicht außerhalb seines Seins. Die Welt zieht ihn weder an noch stößt sie ihn ab noch besitzt sie die Kraft, ihn zu vernichten. Er ist die reine Leere des Gewahrseins, die sieht und doch nicht sieht, handelt und doch nicht handelt. Er ist weder gebunden noch frei, weder Gott noch Mensch oder irgendetwas – er ist nur er selbst.

Sein Zustand stellt die Vorstellung vor ein Rätsel. Man fragt sich, wie der kosmische reine Geist sich in einen gebrechlichen menschlichen Körper hüllen kann, der isst und schläft, handelt, krank, müde und hungrig wird. Es ist das Geheimnis aller Geheimnisse. Deshalb wurde Sri Bhagavan mit Fragen über den geistigen Zustand des *Jnani* bestürmt. Obwohl die Fragen sich auf ihn bezogen, achteten die Frager darauf, sie nicht persönlich zu stellen. Sie haben ihn nie mit „du" oder „deine" angesprochen, sondern immer mit „Bhagavan" oder „die des *Jnani*". Die folgenden Antworten geben eine blasse Vorstellung von diesem sublimen Zustand.

Seine Schmerzen

C.: "Fühlt derjenige, der in *Sahaja Samadhi* ist, körperlichen Schmerz wie etwa einen Stich oder einen Schnitt?"

Bh.: „Jeder Schmerz, selbst der physische, ist im Geist. Jeder spürt den Schmerz eines Schnitts oder Stichs, aber der *Jnani*, dessen Geist in Seligkeit versunken ist, fühlt ihn wie in einem Traum. Es ist bei ihm wie bei den beiden Liebenden in der Geschichte, die zusammen gefoltert wurden, den Schmerz aber nicht fühlten, weil sie einander in Ekstase ins Gesicht blickten."

Seine *siddhis* (übernatürliche Kräfte)

C.: "Bewahren die *Jnanis* ihre *siddhis*, die sie vor *Jnana* erlangt haben, nachdem sie mit dem Absoluten verschmolzen sind?"

Bh.: „Ja, *siddhis* werden durch das *prarabdha* Karma erlangt und bilden für *mukti* kein Hindernis. Sie sind allerdings auf dem Weg zu *mukti* ein Hindernis."

Ein nordindischer Besucher fragte, ob der *Jnani* von selbst *siddhis* erlangen würde oder unabhängig davon nach ihnen streben müsse, wenn er nach ihnen verlange.

Bh.: „Wer ist der *Jnani*? Wenn er der Körper ist, den du siehst, dann zeigt er seine *siddhis* anderen Körpern. Aber wenn er reines Gewahrsein ist, woher bekommt er dann die *siddhis* und wem zeigt er sie?

Sowohl der *Jnani* als auch der *Bhakta* wünschen sich keine *siddhis* und bemühen sich nicht darum. Ersterer, weil er sich als das All sieht, und letzterer, weil er seinen *Ishta Devata*, seine bevorzugte Gottheit, als das All sieht. Selbst seine eigenen Handlungen werden von diesem Gott getan. Er hat keinen eigenen Willen, um Handlungen von sich aus voranzutreiben. Dennoch folgen beiden die *siddhis* wie ihr Schatten. Was für ein größeres *siddhi* gibt es, als wenn ein Weiser, der nur auf seinem Sofa sitzt, tausende von Menschen aus allen Teilen der Erde anzieht, hunderte ihr Leben ändern und einige sogar Göttlichkeit erlangen?

Die Leute sehen viele Dinge, die weitaus wundersamer sind als die sogenannten *siddhis*, doch sie staunen nicht darüber, aus dem einfachen Grund, weil sie täglich geschehen. Sie sehen kein Wunder darin, dass der Mensch fast aus dem Nichts kommt und bei der Geburt nicht größer als diese Glühbirne ist. Und dann wird er ein großer Ringer oder ein weltberühmter Künstler, Prediger, Politiker oder Weiser. Aber sie wundern sich darüber, wenn eine Leiche zum Reden gebracht wird."

Seine Träume

Herr C. fragte, ob der *Jnani* träumt.

Bh.: „Ja, er träumt, aber er weiß, dass es sich um einen Traum handelt wie er weiß, dass der Wachzustand ein Traum ist. Du kannst es Traum Nummer eins und Traum Nummer zwei nennen. Der *Jnani* ist im vierten Zustand, in *turiya*, der höchsten Wirklichkeit, gegründet. Er beobachtet gleichmütig die drei anderen Zustände – Wachen, Traum und traumloser Tiefschlaf – wie Bilder, die ihn überlagern."

Seine Wünsche

C.: "Hat ein *Jnani* Wünsche (*sakalpas*)?"

Bh.: „Die Hauptmerkmale des gewöhnlichen Geistes sind *tamas* und *rajas* (Trägheit und Erregung). Deshalb ist er voller egoistischer Wünsche und Schwächen. Aber der Geist des *Jnani* ist *shudda-sattva* (reine Harmonie) und gestaltlos. Er wirkt in der subtilen Hülle der Erkenntnis (*vijnanamaya kosha*), durch die er den Kontakt mit der Welt aufrechterhält. Seine Wünsche sind deshalb rein (*sattvisch*)."

Ein Besucher fragte Sri Maharshi, ob das Wünschen *Jnana* nicht vernichten würde.

Bh.: „Die Wünsche eines *Jnani* sind für ihn außen wie andere Objekte und können ihn nicht beflecken."

Besucher: „In den *Puranas* heißt es, dass *Jnanis* einander bekämpften. Wie ist das möglich?"

Bh.: „Ja, Sri Krishna kämpfte gegen Bhishma. Die *Jnanis* sehen alles als *Brahman*. Trotzdem kämpfen sie."

15. Juni 1938

Sein *Videhamukti* (die Befreiung nach dem Tod)

Die Juniausgabe der Zeitschrift „Vision" vom Anandashram in Kanhangad enthält einen Artikel von Sri Bhagavan. Es ist sein Vorwort zu seiner Übersetzung von Sri Shankaras Vivekachudamani in Tamil, die S. Krishna für den „Vision" ins Englische übertragen hat.[11] Herr C. liest es in der Halle. Er war von der folgenden Behauptung getroffen und las sie Sri Bhagavan laut vor: "Der befreite Mensch ist in der Tat frei zu tun, was er will. Wenn er die sterbliche Hülle verlässt, wird ihm vergeben. Er kehrt aber nicht in diese Geburt zurück, die in Wirklichkeit den Tod bedeutet."

C.: „Diese Aussage vermittelt den Eindruck, dass, obwohl der *Jnani* nicht auf dieser Ebene wiedergeboren wird, er weiterhin auf einer subtileren Ebenen wirken kann, wenn er will. Hat er denn noch einen Wunsch übrig zu wählen?"

Bh.: „Nein, das wollte ich damit nicht sagen."

C.: „Zudem interpretiert ein indischer Philosoph in einem seiner Bücher Shankara so, als würde er sagen, es gäbe kein *videhamukti*, da der Befreite (*mukta*) nach seinem Tod einen Lichtkörper annähme, in dem er bliebe, bis die ganze Menschheit befreit wäre."

Bh.: „Das kann nicht Shankaras Sichtweise sein." Er schlägt das Vivekachudamani auf und zeigt auf Vers 566, in dem es heißt, dass der befreite Mensch nach der Vernichtung der physischen Hülle wie „Wasser, das in Wasser und Öl, das in Öl gegossen wird" wird. „Es ist ein Zustand, in dem es weder Bindung noch Befreiung gibt. Wenn man einen anderen Körper annimmt, bedeutet das, über die Wirklichkeit einen Schleier zu werfen, wie subtil er auch sein mag, was Bindung bedeutet. Befreiung ist vollkommen und unwiderruflich."

(Bemerkung: Shankara sagt in seinem *Atma-Bodha*, Vers 53 dasselbe wie im Vers 566 des *Vivekachudamani*.)

---

[11] s. Ramana Maharshi: Die Gesammelten Werke, S. 225-228

In den Jahren 1948 bis 1950 versammelten sich die abendlichen Schatten, und die sterbliche Hülle des Meisters erreichte ihr Ende. Sein fortgeschrittenes Alter brachte eine Reihe von Unfällen mit sich – ein Sturz, ein Schluckauf, der mehrere Tage andauerte, ein beharrlicher Rheumatismus und dann ein bösartiger Tumor, der Zentimeter für Zentimeter das Fleisch an seinem linken Arm auffraß, sein Blut vergiftete und schließlich den Schlussstrich zu einem Leben zog, das reiner war als jedes andere, das jemals gewesen war und sein wird.

Während dieser beiden kritischen Jahre spürte ich einen starken Drang, ein Tagebuch zu führen und die Bewegungen des Maharshi, die Gespräche und seinen Gesundheitszustand aufzuschreiben, einzig aus dem Grund, um diese gesegnete Erinnerung an ihn für mich zu bewahren. Aber nach seinem Tod

(*Mahanirvana*) spürte ich denselben Drang, es mit seinen Verehrern zu teilen, um diese heiligen Szenen und Ereignisse, die die letzten Tage seines irdischen Lebens kennzeichneten, für sie zurückzubringen. Einige der Gespräche habe ich in Teil II dieses Buches eingefügt.

Seit der unvergesslichen Nacht des 14. April 1950, als der Maharshi zum letzten Mal seinen Körper niederlegte und völlig mit dem andauernden Frieden verschmolz, von dem es keine Rückkehr gibt, haben viele seiner engen Schüler auch ihren Körper abgelegt und sind ihm gefolgt. Die anderen, die immer noch bei uns sind und die anfangs einige Zeit brauchten, um sich von der schmerzlichen Leere, die seine physische Abwesenheit in ihrem Leben geschaffen hat, zu erholen, spüren weiterhin seine heilige Gegenwart besonders in ihrer Meditation, was die Zusage der Schriften bestätigt, dass die Zeit, die Vernichterin, keine Macht hat, die spirituelle Verbindung, die die Natur zwischen Meister und Schüler geschmiedet hat, zu zerstören, bis der Schüler dieselbe Höhe erreicht wie der Meister und eins mit ihm wird.

16. Juni 1948

Ein Artikel über Sri Maharshi ist in der „Free Press" in Madras erschienen. Professor Subbaramayya aus Nellore liest ihn laut vor, sodass alle Anwesenden ihn hören können. Sri Maharshi folgt ihm aufmerksam in einem anderen Exemplar. Er ist so konzentriert, dass es den Anschein hat, als würde er ein wichtiges Manuskript korrigieren. Gelegentlich macht er humorvolle Bemerkungen und lächelt breit. Am Schluss weist er seinen Gehilfen an, den Artikel auszuschneiden und in einen besonderen Ordner zu kleben.

17. Juni 1948

8:30 Uhr. Jagadish Sastri, ein Sanskritgelehrte und Verehrer des Maharshi, ist aus Madras gekommen. Sri Bhagavan führt mit ihm ein ernsthaftes Gespräch. Ich sehe, wie er an seinen Fingern zählt „Tanana, tana, tana ...", woraus ich schließe, dass es um Sanskritmetren geht. Sri Bhagavan spricht und gestikuliert 20 Minuten lang ununterbrochen und erklärt offensichtlich einige Textstellen. Dann erwähnt Sri Sastri Vidyaranya[12], der sagt, dass *chit* (Bewusstsein) zugleich Shiva und *Shakti* sei, aber dass sie gleichzeitig auch voneinander getrennt seien. Sri Bhagavan zitiert eine Stelle aus dem A-runachala Puranam, die besagt, dass grundsätzlich beide ein und dasselbe *chit* seien, und liest mit tiefem Gefühl aus diesem Buch vor. Als er die Stelle vorliest, wie Gautama Shiva preist, gerät er in Ekstase. Obwohl er lächelt, strömen Tränen aus seinen Augen, was keiner bemerkt, bis er sie wegwischt und sich die Nase schnäuzt.

Es ist jetzt 9:55 Uhr. Sri Maharshi bemerkt plötzlich, dass er für seinen üblichen Spaziergang zehn Minuten verspätet ist. „Oh, schon so spät!, sagt er und reibt gegen seine rheumatische Steifheit seine Knie und die Hüftknochen mit Öl ein, bevor er aufsteht. Er deutet auf seinen Körper und sagt lächelnd: „Diese Maschine kann nicht ohne Öl in Gang gebracht werden."

Die berühmte Kuh Lakshmi, das Lieblingstier des Ashrams, die seit einiger Zeit krank ist, ist heute um die Mittagszeit gestorben. Da Sri Maharshi wusste, dass sie im Sterben lag, ging er gegen 9:45 Uhr in den Kuhstall (*goshala*), setzte sich auf den Boden, legte ihren Kopf in seinen Schoß und streichelte sie sanft. Mit unglaublicher Zärtlichkeit sagte er wiederholt: „Lakshmi, Ma, Ma, Ma Lakshmi", um sie in ihrer letzten Stunde zu beruhigen.

Um 18:30 Uhr wurde Lakshmis Leiche mit einem Karren zur nördlichen Seite der Speisehalle gebracht, wo sie beerdigt wurde. Alle Ashram-Bewohner hatten sich versammelt, und Sri Maharshi saß auf einem Stuhl in ihrer Mitte. Während die Brahmanen sie rituell badeten, wie man es mit einem menschlichen Leichnam macht, mit dutzenden Gefäßen von Wasser, erzählte Sri Bhagavan denen, die neben ihm standen, ihre Lebensgeschichte: wie sie 1924 als Kalb von sechs Monaten zum Ashram gebracht worden war und dass sie länger als die üblichen zwanzig Jahre gelebt hatte. Er lobte ihr liebes, anhängliches Wesen und ihren Verstand und fügte hinzu: „Vielleicht ist sie in der Vergangenheit ein *sadhaka* gewesen, womit sie es verdient hat, in den Ashram gebracht zu werden und *mukti* zu erlangen."

---

[12] Heiliger im 14. Jh.

Als sie gebadet war, rieben die Brahmanen ihren ganzen Körper mit Kurkuma ein und markierten ihre Stirn mit dem heiligen Zinnober (*kumkum*). Sie bedeckten sie mit frischen Jasmin-Girlanden und legten einen neuen roten Seidenschal um ihren Nacken. Dann verbrannten sie neben ihr Kampfer und Räucherwerk. Anschließend wurde sie in dem Karren einige Meter weit zur Beerdigung geschoben. Sri Bhagavan hatte Schwierigkeiten, die Stufen hinaufzusteigen, um es zu beobachten.

Ich habe Sri Maharshi nie so schwach gesehen wie an diesem Abend. Nach der Beerdigung von Lakshmi zerstreuten sich die Leute, und er versuchte, die drei Stufen neben der Apotheke mit Hilfe der Wand zu bewältigen. Aber er begann zu schwanken und zu zittern. Obwohl die Treppe breit und von moderater Höhe ist, konnte er sie nicht allein bewältigen. Zwei Gehilfen hielten ihn an der Hüfte und halfen ihm hinunter. Mit großer Beklemmung beobachteten wir ihn, und als wir sahen, dass er den flachen Boden sicher erreicht hatte, atmeten wir erleichtert auf. Er mag grundsätzlich nicht, dass jemand eingreift oder ihm eine helfende Hand reicht. Er akzeptiert kaum die Hilfe seiner eigenen Gehilfen und sagt ihnen oft, sie sollten sich um ihre eigenen Dinge kümmern. Wir können seine Schwierigkeiten nur beobachten und darüber traurig sein, dass wir nichts für ihn tun können.

21. Juni 1948

Gestern hat Sri Maharshi einen Vierzeiler in Tamil für Lakshmi gedichtet, wobei er das Datum und das Sternzeichen ihres Todes angab und sie als „befreite Seele" bezeichnet, wofür er das Sanskrit-Wort *vimukti* gebrauchte, um deutlich zu machen, dass sie nicht nur von ihrem Körper, sondern endgültig befreit ist.[13]

Heute Morgen übersetzte er seinen Vierzeiler ins Telugu und zeigte ihn dem telugischen Devotee Professor Subbaramayya. Beide machten Witze und lachten darüber, weil Sri Bhagavan das tamilische Metrum in einem telugischen Gedicht verwendet hat, wie er es auch in seinem *Ekatma Panchakam* getan hat, den fünf Versen über die Einheit des *Atman*. Professor Subbaramayya lobte Sri Bhagavans telugische Dichtung sehr. Am Abend übersetzte der Maharshi denselben Vierzeiler aus dem Tamil ins Malayalam.

23. Juni 1948

16:30 Uhr: Frau F. Taleyarkhan händigt dem Maharshi zwei Briefe aus. Einer stammt von Dr. T.N. Krishnaswami aus Madras. Er schreibt, dass seine Kuh vier Stunden nach Lakshmis Tod ein weibliches Kalb geboren hat, dem er den Namen Pushpam gab. Als er später vom Tod Lakshmis erfuhr, habe er ihren Namen in Lakshmi Pushpam geändert. Bhagavan las den Brief laut vor und gestikulierte lächelnd. Der andere Brief ist von C. Rajagopalachariar, dem General-Gouverneur von Indien, in dem er schreibt, dass er Frau Taleyarkhans Einladung zur Eröffnung des Tempels, den sie über das

---

[13] „Am Freitag, dem 5. im Monat Ani im Jahr Sarvadhari, am zwölften Tag des zunehmenden Mondes im Sternzeichen Visakha [18. Juni 1948], hat die Kuh Lakshmi die Befreiung erlangt." (Ramana Maharshi: Die Gesammelten Werke, S. 167)

Pathala Lingam hat errichten lassen, wo der Maharshi die ersten sechs Monate in Tiruvannamalai 1896 verbracht hat, annehmen würde.

24. Juni 1948

9 Uhr: Der Maharshi liest und spricht heiter. Der weiße Pfau kommt herein, pickt nach einigen Körnern, die der Gehilfe für ihn ausgestreut hat, und geht selbstbewusst ein Stück weiter. Da hüpft eine Krähe herein und pickt hastig die Körner auf. Bhagavan macht uns auf die Szene aufmerksam. Der Pfau ist bestürzt über den unerhörten Übergriff der Krähe. Entsetzt spreizt er seine Rückenfedern, reckt den Kopf und schaut feindselig die Krähe an, als wolle er sie anspringen. Dann schreitet er in einem äußerst angriffslustigen Gang vorwärts. Wir alle glauben, dass sich vor unseren Augen ein schrecklicher Kampf abspielen wird. Doch zu unserem Erstaunen bleibt die Krähe schamlos und bewegt sich nicht. Sie beobachtet ihn spöttisch mit einem Auge und pickt gierig weiter. Anscheinend weiß sie, wie er reagieren wird. Dennoch sind wir über das Schicksal der Krähe besorgt. Doch siehe da, anstatt nach vorn zu streben, macht der Pfau zwei eilige Schritte rückwärts, bleibt dann nachdenklich stehen und plant, wie wir denken, einen heftigen Blitzkrieg. Wir warten, aber der Angriff kommt nicht. Der Pfau hat nur einen resoluten Schritt nach vorne gemacht und ist dann stehengeblieben. Inzwischen ruhen alle Körner friedlich im Bauch der Krähe, die dann zum Wasser im Becken in der Nähe hoppelt, sich satttrinkt, den Schnabel auf dem harten Grund reibt, sich in tiefer Verehrung vor dem stolzen Pfauen verneigt und zufrieden wegfliegt.

Der Maharshi und wir alle lachen laut über die Feigheit des Pfauen, der sich beruhigt, sein Gefieder anlegt, einen schwachen Stolz zur Schau stellt und davonstolziert. Das amüsiert uns sehr.

Sri Bhagavan hat immer gern das Verhalten der Tiere beobachtet und war zu einem Experten darin geworden, ihre Reaktionen in einer bestimmten Lage vorauszuahnen und zu wissen, wie er mit ihnen umgehen musste, um ihnen zu helfen. Seine Sympathie und Achtung für sie schien selbst die für die Menschen zu übertreffen. Trotzdem ist er manchmal streng mit ihnen, was einige Verehrer verwirrt. Auch mich hat der folgende Vorfall verwirrt, der in meinem Tagebucheintrag vom 28. März 1943 zu finden ist. Er passt hierzu, und deshalb will ich ihn berichten.

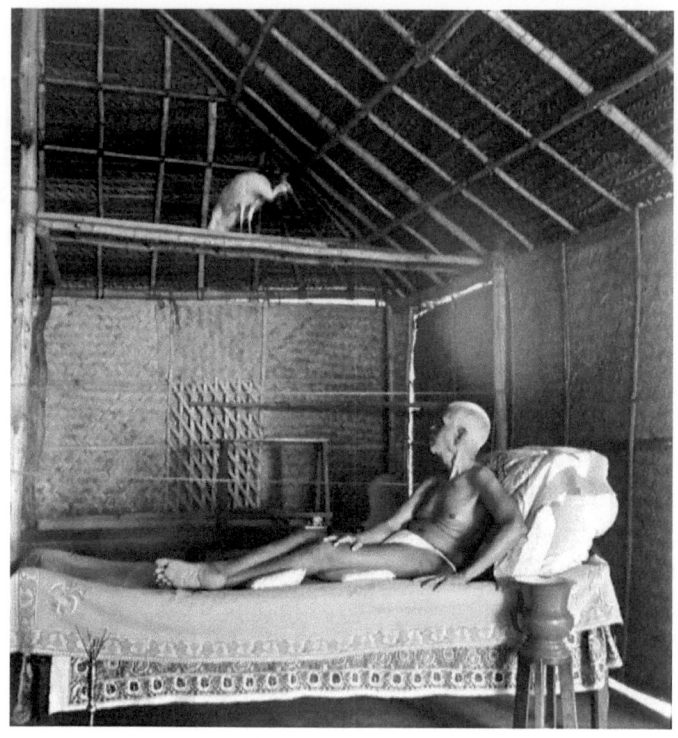

„Am 24. dieses Monats um 10:30 Uhr döste der Meister. Da sprang ein weibliches Streifenhörnchen auf sein Sofa und biss ihn in den Daumen (offensichtlich um die Aufmerksamkeit des Meisters auf sich zu lenken), den er schnell zurückzog und rieb, wobei er bemerkte: ‚Ich werde sie nicht füttern.' Andere Streifenhörnchen bevölkerten sein Sofa, und er fütterte sie eine halbe Stunde lang mit Cashew-Nüssen, immer eine Nuss für jedes. Dann wandte er sich uns zu, zeigte auf eines von ihnen und sagte: ‚Dieses weibliche Streifenhörnchen hat versucht, mich auszutricksen. Sie glaubt, ich bemerke es nicht und werde sie füttern. Einmal kommt sie von dieser Seite, einmal von der anderen, einmal unter dem Sofa hervor und einmal von oben. Aber ich habe es sehr wohl bemerkt. Sie soll nichts bekommen.' Und er lachte. Da hatte ich folgenden vagen Gedanken: ‚Was bedeutet die Aufforderung Jesu, dass man einem Mann, der einen auf die eine Wange geschlagen hat, auch die andere hinhalten soll?‘

Heute ist ein Streifenhörnchen vom Fenster auf das Sofa gesprungen. Der Meister sah es sehr intensiv an, gab ihm eine Nuss und noch eine und sagte dann: ‚Jetzt geh, oder willst du mich wieder beißen?‘ Ich vermutete sofort, dass es das schuldige Streifenhörnchen von vor vier Tagen war und fragte mich, wie Sri Bhagavan es erkennen konnte und warum er ihm nachgab. Ich fragte ihn, ob meine Vermutung stimme, und er bestätigte es.

Nach einer Weile kam dasselbe Streifenhörnchen zurück, weil es noch mehr Nüsse wollte. Normalerweise füttert der Meister die Tiere so lange, bis sie nicht mehr kommen. Aber diesem verweigerte er erneut das Futter, und als es weiterhin bettelte, hob er drohend seinen Fächer, worauf es sofort verschwand.

Dann saß er mit einem nachdenklichen Blick und einem schwachen Lächeln da. Nach einer Weile wandte er sich in meine Richtung. Sein Lächeln wurde breiter, und er sagte sanft in Tamil in seiner üblichen kurzen Weise zu meinem Nachbarn: ‚Selbst Tiere verstehen eine Zurückweisung. Wenn sie öfter wiederholt wird, lernen sie, sich zu benehmen. Manche sind empfindlicher als andere.‘ Das wurde für mich sofort übersetzt. Ich lachte und erzählte frei heraus von meinem vagen Gedanken am ersten Tag und fügte hinzu, dass ich zwar Sri Bhagavans Weisheit nie bezweifelt habe, dieser Gedanke aber dennoch eine Erklärung benötige. Der Meister nickte zustimmend.“

Um 16 Uhr wurde dem Maharshi ein Buch gereicht, das er immer wieder aufgeregt durchblätterte und „Rai, rai, rai!“ rief. Es ist eine tamilische Übersetzung des originalen Sarvajnanottara, aus dem er vor fünfzehn Jahren 52 Verse ins Tamil übersetzt hat, ohne zu wissen, dass es bereits seit zehn Jahren eine Übersetzung des ganzen Werkes gab. Das ist für ihn eine große Überraschung. Er blättert schnell die Verse nach, die er übersetzt hat, und vergleicht sie mit denen in dieser Übersetzung. Der Unterschied ist sehr gering, trotz der unterschiedlichen Sichtweisen. Die seine ist reines *Advaita*, die des anderen Übersetzers *Saiva Siddhanta*. Er liest sie mit großer Freude durch.

8:30 Uhr. Der Morgen ist sehr kühl und frisch nach dem Regen der vergangenen Nacht. Viele Räucherstäbchen brennen neben Maharshis Sofa. Der Friede durchdringt alles wie der Geruch der Räucherstäbchen und der Blumen. Die tamilische Zeitung kommt. Maharshi öffnet sie und sieht darin eine Karikatur von Sri C. Rajagopalachariar, unserem General-Gouverneur, der die Marineuniform und die Mütze seines Vorgängers, Lord Mountbatten, trägt. Alles, außer das Gesicht, ist von Mountbatten. Bhagavan kichert laut und wendet sich dann an uns, um den Witz zu erklären. Wir freuten uns mehr über seine unschuldige Freude als über die Skizze des Künstlers. Schließlich meinte der Maharshi: „Das ist wie die Arbeit von *maya*. Das Wirkliche ist hinter unwirklichen Schichten versteckt, wie Rajaji (Rajagopalachariar) in den Kleidern Mountbattens versteckt ist."

Herr C. saß neben dem Sofa des Meisters und las folgenden Vers aus dem Vivekachudamani laut vor: „Die Hülle der Seligkeit (*anandamaya kosha*) wirkt vor allem im Tiefschlaf, während sie im Traum und Wachzustand nur teilweise zutage tritt, wenn man Angenehmes erfährt."

Sri Bhagavan kommentierte: „Im Tiefschlaf (*sushupti*) genießt man das ganze Meer der Seligkeit wie ein König, während in den anderen beiden Zuständen die Bandbreite des Glücks so groß ist wie die Klassen der Menschen, vom König bis hinunter zum Mittellosen."

Herr C.: „*Sushupti* wird oft als ein Zustand von Unwissenheit bezeichnet."

Bh.: „Nein, er ist der reine Zustand. In ihm gibt es volles Gewahrsein und im Wachzustand völlige Unwissenheit. Man sagt nur in Bezug auf das falsche Wissen im Wachzustand, dass er Unwissenheit (*ajnana*) sei. In Wirklichkeit ist *jagrat* Unwissenheit, und *sushupti* ist *prajnana* (Weisheit). Wenn *sushupti* nicht der wahre Zustand ist, woher kommt dann der intensive Friede für den Schläfer? Jeder erfährt, dass sich nichts im Wachzustand (*jagrat*) mit dem Glück und Wohlbefinden im Tiefschlaf vergleichen lässt, wenn der Geist und die Sinne abwesend sind. Was bedeutet das alles? Es bedeutet, dass das Glück nur aus uns selbst kommt und dass es am intensivsten ist, wenn wir frei von Gedanken und Vorstellungen sind, die die Welt und den Körper erschaffen, d.h. wenn wir in unserem reinen Sein sind, das *Brahman*, das Selbst, ist. In anderen Worten: das Sein allein ist Glück, und die geistigen Überlagerungen sind Unwissenheit und verursachen deshalb Elend. Aus diesem Grund wird *Samadhi* auch als *sushupti* in *jagrat* (Tiefschlaf im Wachen) beschrieben. Das glückliche reine Sein, das im Tiefschlaf vorherrscht, wird im Wachzustand erfahren, wenn der Geist und die Sinne völlig wach, aber inaktiv sind."

29. Juni 1948

8:30 Uhr. Verehrungsvolle Lieder aus Trichy tönen aus dem Radio neben dem Maharshi. Er liest völlig ungestört die tamilische Zeitung. Aber jene, die ihn kennen, vermuten, dass seine ganze Aufmerksamkeit auf die Musik gerichtet ist, bis er zum Klang der Flöte und des Tablas eindöst.

Ich habe gehört, dass er nachts kaum schläft. Immer wieder entschlüpft er den Gehilfen und geht allein nach draußen. Deshalb behalten nun drei von ihnen ihn nachts stets im Blick, falls er alleine hinausgeht und fällt und keiner in der Nähe ist, um ihm zu helfen.

1. Juli 1948

10 Uhr. Der Maharshi kehrt von seinem kurzen Spaziergang zurück und hat sich kaum hingesetzt, als ein kleiner Junge mit zwei kleinen Mangos zu ihm kommt. Anstatt sie auf den Gabentisch zu legen, schiebt er sie in Bhagavans Hände. Der Maharshi lacht, behält die eine und gibt dem Kind die andere zurück, das sie sofort in den Mund steckt und hineinbeißt. Der Maharshi lacht laut und sagt: „Nicht so." Der Junge kehrt kauend zu seiner Mutter zurück.

25. Juli 1948

Sonntag, 9 Uhr. Während der Maharshi schreibt, hört er dem Musikprogramm im Radio zu. Er schreibt wie üblich, mit dem Block auf dem erhobenen rechten Knie. Oft hört er zu schreiben auf und schlägt den Takt zur Musik.

Es folgt ein humoristisches Gespräch in Tamil. Der Dialog muss extrem spaßig sein, denn er muss sich sehr bemühen, nicht zu lachen. Manchmal ist er davon so überwältigt, das er mit dem Schreiben aufhört und laut kichert und sich umsieht, ob es eine Reaktion gibt.

26. Juli 1948

9:30 Uhr. Der Maharshi ist mit einem Manuskript beschäftigt, das er mit Herrn Visvanathan zusammen korrigiert, der dasitzt und seine Anweisungen ausführt. Bhagavan denkt angestrengt nach. Ich habe ihn nie zuvor so sehr in Gedanken versunken gesehen. Seine Augen stehen weit offen, und seine Augäpfel rollen von einer Seite zur anderen, als sich die Gedanken in seinem Geist bewegen, bis er die richtige Satzkonstruktion findet oder einen Einfall hat. Dann wendet er sich Herrn V. zu und diktiert es ihm. Es ist jetzt 10 Uhr, 15 Minuten zu spät für seinen Spaziergang. Der Gehilfe, der seit einigen Minuten zögert, macht ihn darauf aufmerksam. Er sieht auf die Uhr und ruft: „Ach, es ist schon 10! Warum hast du es mir nicht gesagt? Sieh her! 10 Uhr, und sie haben es mir nicht gesagt!" Er nimmt schnell die Flasche mit der Salbe, beschmiert damit seine Gelenke und steht hastig auf.

27. Juli 1948

10:15 Uhr. Maharshi ruft den alten Professor Venkataramiah und Herrn Visvanathan herbei und bittet sie, sich hinzusetzen. Herr V. liest das Atma Bodha von Sri Shankaracharya vor, einen Vers in Sanskrit und einen in Tamil. Der Maharshi und Professor V. folgen ihm in den Kopien in ihren Händen. Die tamilischen Verse sind Maharshis Übersetzungen, mit denen er seit einer Woche beschäftigt ist. Es gab bereits eine tamilische Übersetzung, aber dem Maharshi hat sie nicht gefallen.

2. August 1948

9:30 Uhr. Sri Maharshi ist ins Schreiben vertieft. Frau Mazumdar, eine bengalische Verehrerin, kommt mit einem Tablett Obst und einer mit Seidenpapier umwickelten Flasche in der Hand herein. Sie stellt beides auf den

Gabentisch, verneigt sich und geht an ihren Platz. Aus den Augenwinkeln erspäht Sri Bhagavan die Flasche und ruft, ohne den Kopf zu heben, seinen Gehilfen herbei, sie zu bringen, was der Gehilfe tut. Gelassen nimmt er sie und liest sorgfältig das Etikett, einmal, zweimal. Er strengt seine Augen an, um selbst die kleinste Schrift zu lesen. Dann gibt er die Flasche mit der Gleichgültigkeit eines Kindes, das kein Interesse an einem Gegenstand hat, zurück. „Eh, yenneh" (Nimm es weg, es ist Öl) sagt er zu dem Gehilfen und schreibt weiter. Seine Beobachtungsgabe ist erstaunlich und seine Neugierde für den kleinsten Gegenstand, ohne dass er ihn oder etwas anderes unter der Sonne haben will, ist noch erstaunlicher, wenn auch erfreulich unbefangen.

17. August 1948

10:15 Uhr. Herr Rappold, ein amerikanischer Devotee, öffnet nach der Meditation, in die er anscheinend tief versunken war, die Augen und erhebt die Stimme.

Rappold: „Bhagavan, was soll ein Devotee im Augenblick seines Todes tun?"

Bhagavan: „Ein Devotee stirbt nie. Er ist vielmehr bereits tot." Dann schweigt er und wartet auf einen kompetenten Übersetzer. Devaraja Mudaliar kommt herein, und Bhagavan vollendet die Antwort. „Was soll ein Devotee im Augenblick seines Todes tun? Was kann er tun? Was immer der Mensch in seinem Leben denkt, das denkt er auch in seinem letzten Augenblick. Der weltliche Mensch denkt an seine weltlichen Angelegenheiten und der Devotee an Hingabe und spirituelle Dinge. Aber ein *Jnani*, der keinerlei Gedanken hat, bleibt derselbe. Seine Gedanken sind vor langem gestorben, und sein Körper ist auch mit ihnen gestorben. Deshalb gibt es für ihn kein solches Ding wie der Tod.

Die Leute fürchten den Tod, weil sie um den Verlust ihres Besitzes fürchten. Wenn sie schlafen gehen, haben sie keine solche Angst. Obwohl der Schlaf dem Tod ähnelt, bei dem man allen Besitz hinter sich lässt, bewirkt er keine Angst in ihrem Herzen, weil sie wissen, dass sie am nächsten Morgen wieder in ihren Besitz eintreten. Der *Jnani*, der kein Besitzempfinden hat, ist völlig frei von der Todesangst. Er bleibt nach dem Tod derselbe wie zuvor."

28. August 1948

Seit dem frühen Morgen strömten Menschen aus der Stadt in den Ashram aufgrund des Gerüchts, dass der Maharshi gestorben sei. Viele kamen mit Tränen in den Augen, waren aber sehr glücklich, als sie sahen, dass er bei guter Gesundheit ist.

Am Abend erzählte Sri Bhagavan es jedem und machte seine Scherze darüber: „Heute morgen verneigte sich ein Mann vor mir und erzählte mir dann, dass es das Gerücht gab, ich sei gestorben. Ich bat ihn, selbst zu sehen." Er kicherte. Heute ist der Jahrestag seiner Ankunft in Tiruvannamalai (1896), und einige Feinde des Ashrams haben sich diesen Scherz erlaubt. Ich dachte: „Gott vergib ihnen, denn sie wissen nicht, was sie tun."

5. September 1948

9:40 Uhr. Ein Besucher überreicht dem Maharshi einen sehr schönen Spazierstock aus bestem Ebenholz. Maharshi nimmt ihn, dreht ihn in alle Richtungen und untersucht ihn ganz genau. Dann reicht er ihn dem Geber zurück, der zu verstehen gibt, dass er ein Geschenk für Bhagavan sei. Sri Bhagavan erwidert: „Was soll ich damit tun?" Dann wendet er sich an seine Schüler und sagt lächelnd: „Früher habe ich Stöcke gemacht und verschenkt. Jetzt werden sie mir geschenkt. Was soll ich mit ihnen tun? Wenn ich diesen Spazierstock annehme, wird er ungebraucht hier stehen, bis ihn eines Tages jemand mitnimmt? Dann wird es dem Geber leidtun. Wäre es nicht besser, wenn er ihn sofort zurücknimmt? Wenn er ihn dann sieht, wird er sich immer an mich erinnern." Die Devotees lachten. Die Niedergeschlagenheit des Besuchers verwandelte sich in Euphorie, und er rief: „Deine Gnade hat mich überwältigt! Ich werde ihn mein Leben lang in Ehren halten, da er von Bhagavans Berührung geheiligt ist."

22. Februar 1949

Vor etwa zwei Wochen beseitigte der Ashram-Arzt Dr. Shankar Rao mit der Assistenz von Dr. Srinivasa Rao ein winziges Geschwür vom linken Ellbogen des Maharshi. Seitdem trägt er einen Verband. Aber heute wurde der Verband beseitigt, und die Wunde ist offen. Man nimmt an, dass sie geheilt ist.

2. März 1949

17:15 Uhr. Der alte Ashram-Bildhauer, der lange Zeit nicht im Ashram gewesen ist, vielleicht weil er krank war, kam schwankend herein und trug Obst als Opfergabe. Als der Maharshi ihn sah, öffnete er weit die Augen, und sie strahlten erfreut, als würde er einen lang vermissten Freund sehen. Der Bildhauer war durch Bhagavans Zuneigung so berührt, dass sein ganzer Körper zitterte. Er wollte seine Liebe und Verehrung für Sri Bhagavan ausdrücken, wusste aber nicht wie. Schließlich gab er seinem Impuls nach und verstieß gegen die Ashram-Regel, die verbietet, den Körper des Meisters zu berühren, fiel flach zu Füßen des Maharshi nieder und badete sie mit seinen Tränen. Zwei Gehilfen hoben ihn sacht hoch und boten ihm einen Sitzplatz ganz in der Nähe von Bhagavans Sofa an. Nachdem er sich beruhigt hatte, fragte Sri Maharshi, wie es ihm gehe, warum er schon so lange nicht mehr da gewesen und was sonst noch geschehen sei. Es war ein besonderer Anblick, Sri Bhagavan so tief bewegt beim Treffen mit einem alten Ashram-Arbeiter zu sehen, der eine führende Rolle dabei gespielt hatte, dass die architektonische Gestaltung des Tempels der Mutter den Regeln der Hindu-Schriften entsprach.

18. März 1949

Das *Kumbhabhishekam*, die rituelle Einweihung des Tempels über dem Grab der Mutter, der als Mathrubhuteswara bekannt ist, hatte am 14. begonnen und endete heute. Menschenmengen aus ganz Indien, besonders aber aus den Nachbardörfern, waren seit dem 13. März in den Ashram geströmt. Die *Yagna*-Zeremonie begann am 14. März um 20:30 Uhr, wobei Sri Bhagavan auf einem Sessel saß. Nicht weit von seinem linken Fuß entfernt saß Sri

Shankaracharya von Puri auf dem Boden, der am Morgen zur Feier eingetroffen war. Um ihn herum saß eine große Menge Devotees und Besucher.

Kumbhabhishekam
Foto: Eliot Elisofon

Die kurze Zeremonie war um 21 Uhr beendet. Dann wurde der Maharshi zur
Neuen Halle neben dem Tempel gebracht, um sie zu eröffnen. Da er zu
schwach war, um den mächtigen Türschlüssel umzudrehen, machte es der
junge Baumeister für ihn. Er wurde direkt über eine kleine Treppe in den
Innenbereich des Tempels geführt. Man half ihm über die kurze Treppe, und
er berührte den Stein des *Sri Chakra*, der sich direkt hinter dem *Lingam*,
dem Symbol der kreativen Energie, die dem gestaltlosen Geist (*chit*) innewohnt, befindet. Dann brachte man ihn heraus und ließ ihn zum ersten Mal
auf das steinerne Sofa in der neuen Tempelhalle sitzen, das mit roten Samt-
kissen bedeckt war. Jeweils etwa ein halbes Dutzend Menschen verneigten
sich gleichzeitig vor ihm.

Nach einer Weile wurde er hinausgeführt und zur Feuerstelle (*Yagasala*) der Halle gegenüber gebracht, wo eine kurze Zeremonie stattfand. Der Maharshi zeigte Anzeichen von Erschöpfung und zog sich deshalb um 10 Uhr für die Nacht zurück.

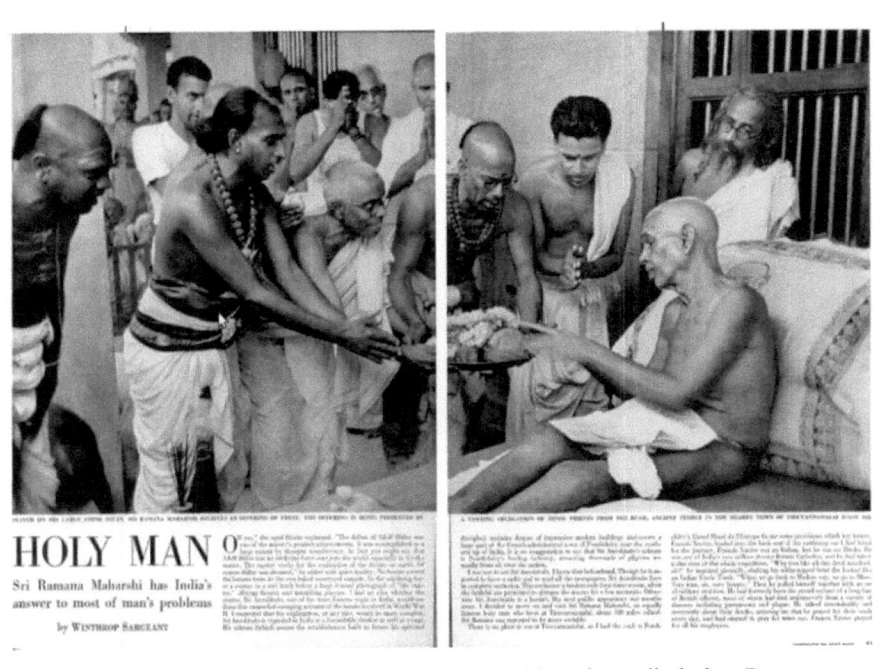

Im Time-Life Magazin vom 30. Mai 1949 erschien ein Artikel über Ramana Maharshi mit diesem Foto vom *Kumbhabhishekam* von Eliot Elisofon

Am Morgen des 15. März schwoll die Menschenmenge über 10.000 an. Sri Maharshis Sofa war auf die nördliche Veranda der Neuen Halle gebracht worden. Musiker mit Flöten, Violinen und Tablas spielten neben ihm.

Die Feueropfer-Zeremonie (*Yagna*) wurde in allen drei Feuerstellen (*Yagasalas*), die für diese Feier errichtet worden waren, ausgeführt. Flammen züngelten von dutzenden von eigens aufgebauten Feuerstellen, die mit reinem Ghee und einer besonderen Art von Stecken genährt wurden. Die Flammen und der Rauch erhoben sich unter dem Gesang von mehr als hundert Priestern hoch in den Himmel. Aber das alles wurde von den tausenden Stimmen

107

der Menge übertönt. Der Anblick war beeindruckend. Der stillste Mensch in dem Getöse war Sri Bhagavan, der völlig nach innen gekehrt war und keine Regung zeigte. Aber seine Schüler wussten von seiner Freude über die Erfüllung eines zehn Jahre alten Wunsches, der Nachwelt eine spirituelle Einsiedelei von unschätzbarem Wert zu hinterlassen – nicht sein Wunsch, sondern der des *Sarvadhikari*, der sich als ein Instrument von Sri Bhagavans göttlichem Willen betrachtet, der an ihn nicht durch Worte, sondern durch Gedanken übertragen worden war.

Foto: Eliot Elisofon

Der Wert dieses Tempels besteht darin, dass er den Körper der Mutter eines der größten Heiligen und Weisen, die je gelebt haben, birgt, der Stein für Stein unter den Augen des Maharshi gebaut worden war und dessen heiligsten Teile durch seine persönlichen Besuche und Berührungen geheiligt

worden sind. Dieser Traum ist nun Wirklichkeit geworden. Zehn Jahre unermüdlichen Mühens sind zu Ende gegangen.

Am 15. und 16. März strömten stündlich immer mehr Menschen vom Land
herbei. Es wurden so viele, dass am 16. abends, als die Messinggefäße – die
kumbhas – sechs an der Zahl, auf die Türme (*gopurams*) des Tempels gebracht wurden, es schätzungsweise über 15.000 Menschen waren.

Der Höhepunkt war am 17. in der Frühe. Vom Morvi Gästehaus bis zur
Nordmauer des Ashrams war eine dichte Masse menschlicher Köpfe zu sehen. Obwohl es eine gesittete Menschenmenge war, war ein Durchkommen
kaum möglich, trotz des Bemühens der Freiwilligen, einen Weg freizuhal-
ten.

Der Premierminister des Staates Madras, Sri Omandur Ramaswamy Reddiar, wurde erwartet. Alle hohen Beamten des Distrikts und viele Magnaten
kamen mit dem Auto aus Madras. Um 11 Uhr wurde Sri Maharshi nach
draußen gebracht, um den Priestern an den *gopurams* (Tempeltürmen) das
Zeichen zu geben, mit dem *abhishekam* zu beginnen. Er erhob sanft die
Hand, und die Bade-Zeremonie oben auf dem Tempel begann. Dann wurde
er in den Tempel gebracht und legte seine Hand auf das *Lingam*, das soeben

vor dem *Sri Chakra* installiert worden war. Das *Lingam* war mit acht Unzen Gold an die Steinplattform angelötet worden, die Devotees gespendet hatten.

Frau Taleyarkhan mit Sri Ramana
Foto: Eliot Elisofon

Dann kehrte er in die Neue Halle zurück und setzte sich auf das Steinsofa, über das ein weißer seidener Baldachin gespannt worden war. Er war mit Silberfäden bestickt, ein Geschenk des Maharaja von Darampur. Dann wurde der *Sarvadhikari*, Sri Niranjanananda Swami, herbeigerufen. Ihm wurde ein Platz dem Maharshi gegenüber angewiesen. Frau Taleyarkhan las eine kurze Ansprache in Englisch zum Lob des *Sarvadhikari* vor, in der sie seine Ernsthaftigkeit, Aufrichtigkeit und seine unermüdliche Anstrengung, den Ashram und den Tempel zu bauen, pries, und legte ihm eine Girlande um den Hals. Die Ansprache wurde sofort ins Tamil übersetzt, Satz für Satz. Sie gefiel ihm sehr.

Der Tag endete mit Musik und Liedern der aristokratischen jungen Frauen aus Madras, gefolgt von Tempelmusik, die bis etwa Mitternacht erschallte, als Sri Maharshi zu Bett ging. Somit wurden die Zeremonien für das *Kumbhabhishekam* beendet.

27. März 1949

Das Geschwür an Maharshis linkem Ellbogen, das vergangenen Monat beseitigt worden war und von dem man dachte, es würde zufriedenstellend heilen, war erneut gewachsen, sodass der berühmte Chirurg Dr. Raghavachari heute mit dem Operationsbesteck kam, um es zu beseitigen. Sri Maharshi ging um 9:40 Uhr in die Ashram-Apotheke. Die Operation dauerte 20 Minuten und endete um etwa 10:30 Uhr. Das Geschwür, das vorübergehend als Neurom diagnostiziert worden war, sitzt am Ellennerv und hat zwei Fasern. Ein Teil davon wurde zu einer mikroskopischen Untersuchung weggeschickt. Es wurde uns mitgeteilt, dass der Chirurg die Operation gekonnt durchgeführt hat, indem er tief geschnitten und noch die letzte Zelle des Geschwürs herausgeholt hat, ohne den Ellennerv zu beschädigen, der den Unterarm und die Finger kontrolliert. Er erwartet keine Rückkehr des Geschwürs. Maharshi war den ganzen Nachmittag über wegen der örtlichen Betäubung vor der Operation schläfrig. Keiner kann sagen, ob er Schmerzen hat.

18. April 1949

Sri Bhagavans Wunde von der Operation am 27. März ist noch nicht völlig verheilt. Sie heilt sehr langsam. Wir hegen immer noch Befürchtungen. Vor einer Woche kam der Bericht mit der Diagnose, dass es sich um ein Sarkom handelt. Seit einigen Tagen blutet es leicht, aber Sri Bhagavan ist frohgemut wie immer, und der Glanz in seinen Augen ist nicht im Geringsten getrübt.

Heute früh sprach ein kleiner, etwa zehnjähriger Junge mich in Telugu an. Als er bemerkte, dass ich ihn nicht verstand, ging er langsam zu Maharshis Sofa, lehnte sich daran und sprach eilig mit dem Meister. Maharshi lächelte ihn zärtlich an, wandte sich dann an uns und erklärte, dass das Kind beobachtet hatte, wie er vor einer Weile seine Glieder eingerieben hatte und es nun für ihn tun wollte, da es glaubte, Sri Bhagavan sei zu alt, um sie wirkungsvoll einzureiben. Dann wandte er sich dem Kind zu und sagte: „Wenn du sie für mich einreibst, dann musst du auch für mich essen." Er wies den Gehilfen an, ihm Bananen zu geben. Aber bevor sie gebracht wurden, war der kleine Junge verschwunden.

20. April 1949

Sri Maharshis Gesundheitszustand verursacht bei den drei Ärzten, die sich beständig um ihn kümmern, und auch bei den Devotees große Angst. Eine Verehrerin weinte viel, ging unter Tränen zu ihm und bat ihn, ihr seine Krankheit zu geben und gesund zu werden. „Bhagavan, du hast andere geheilt. Jetzt musst du dich selbst heilen und dein Leben für uns bewahren." Er winkte ein-, zweimal ab, doch da er ihre große Sorge sah, sagte er schließlich mit großer Zärtlichkeit: „Warum hängst du so sehr an diesem Körper? Lass ihn gehen!"

Etwa um 17 Uhr gingen die örtlichen Polizeibeamten und Frau T. [Taleyarkhan] zu Sri Maharshi und erklärten ihm, welche Vorkehrungen sie für die Eröffnungszeremonie des Tempels, den sie über dem Pathala *Lingam* hat errichten lassen, getroffen hatten. Sie wollten wissen, in welchem Jahr das erste Foto von ihm in Tiruvannamalai gemacht worden war und anderes. Sri Maharshi antwortete: „Es wurde vier Jahre, nachdem ich hierhergekommen bin, etwa 1900, aufgenommen. Ursprünglich stand das *Lingam* auf der Erde wie alle anderen Grabmäler, bevor der große Tempel gebaut worden war. Aber im Laufe der Zeit wurde der Grund angehoben. Als viel später die Tausendsäulenhalle vier oder fünf Fuß über der ursprünglichen Höhe gebaut wurde, sank das *Lingam* so tief, dass es den Namen Patala (Untergrund) *Lingam* erhielt. In jener Zeit war ich dort allein mit dem Elefanten, der immer in diesem Mandapam (Säulenhalle) angebunden war."

Sie verneigten sich und gingen. Aber Sri Bhagavan erzählte weiter: „Ich verbrachte etwa sechs Monate überall im großen Tempel (von dem das Patala *Lingam* eine kleine Ecke einnimmt), von September 1896 bis März 1897. Bengel rannten mir hinterher. Als ich mich im Patala *Lingam* versteckte, warfen sie Steine und Tonscherben von außen nach mir, doch nichts konnte mich erreichen, da ich in der südöstlichen Ecke saß. Die Bengel trauten sich nicht herein, weil es in der Grube völlig dunkel war und die zerbrochenen Stufen von oben nicht sichtbar waren."

Sri Maharshis Wunde wurde heute zum ersten Mal mit Radium behandelt. Jeder ist niedergeschlagen, aber Sri Bhagavan ist heiter wie immer, wenn auch sichtbar geschwächt. Um 15 Uhr bringt ihm Herr Kalyana Sundaram, ein Verehrer und ehemaliger Ashram-Arbeiter, eine Postkarte von seinem Bruder, in der letzterer nach der Gesundheit des Maharshi fragt und ob der Meister heute früh zum dritten Mal operiert worden war. Der Maharshi antwortete: „Nein, es war keine Operation, sondern die Anwendung von Radium. Das Geschwür wächst von innen wie ein *Lingam*. Aber es macht mir keine Probleme. Ich habe keine Schmerzen und auch keine anderen Unannehmlichkeiten. Die Ärzte haben eine Hautprobe davon genommen und sie nach Amerika geschickt, um zu beurteilen, ob Radium angewandt werden kann, aber bislang ist noch keine Antwort eingetroffen. Es gibt zwei Arten von Tumoren: bösartig und gutartig. Was immer es auch ist, es wird Zeit zum Heilen brauchen. Warum soll man sich sorgen?"

Nach einigen Minuten geht der Gehilfe Venkata Ratnam der Sache nach und informiert Bhagavan darüber, dass keine Hautprobe nach Amerika geschickt worden sei. Der Maharshi ruft: „Ach, tatsächlich?", winkt mit den Händen ab und drückt damit seine Gleichgültigkeit aus. Wir alle lächeln über seine Unbefangenheit.

27. April 1949

Vergangenen Abend um 18:30 Uhr kam Sri Ramiah zusammen mit Dr. Nambiar und Dr. T.N.K. an. Alle sind langjährige Verehrer. Sri Ramiah ging zum Sofa hin und fragte vorsichtig: „Was ist das ... eine Beule ... auf Bhagavans Ellbogen?"

Sri Maharshi erwiderte: „Ja, ich habe ihnen gesagt, sie sollen sie nicht herausschneiden, aber die Ärzte haben darauf bestanden. Lass es gut sein. Es kommt alles in Ordnung." Dann sprach er fröhlich mit den dreien. Die beiden Ärzte rieten ihm, den Arm nicht zu bewegen, das Radium in Ruhe zu lassen und es auch nicht mit der anderen Hand zu berühren. Er wedelte mit der rechten Hand, als wollte er sagen: „Wozu die ganze Aufregung?"

Heute Abend um 17:20 Uhr, sobald der Maharshi von seinem Abendspaziergang zurückgekehrt war und sich hingesetzt hatte, schaltete er den Tischventilator neben sich an und las einige Notizen. Der Gehilfe Satyananda begann, seinen Rücken zu fächeln. Sri Maharshi bat ihn, damit aufzuhören, was er auch sofort tat.

Ein wenig später schlüpfte der Gehilfe Venkata Ratnam, der soeben hereingekommen war, leise hinter den Meister, der ins Lesen vertieft war, und fächelte ihm Luft zu. Bald bemerkte Sri Bhagavan es und wandte sich direkt an Venkata: „Oh, wie groß ist dein *bhakti*! Sieh nur, wie verstohlen du dich hinter mich geschlichen und mir Luft zugefächelt hast! Ach, wenn dein *bhakti* so groß ist, warum fächelst du dann nicht allen diesen Verehrern Luft zu? Romba visesham … romba sari (sehr gut, ausgezeichnet!) Oho!"

So spottete und lästerte er über ihn. Dann wandte er sich hierhin und dahin und beschwerte sich volle zehn Minuten lang über V.R. Als er nach etwa einer Stunde den Anwalt T.P. Ramachandra bei den Gehilfen sitzen saß, wiederholte er alles nochmals für ihn: „Sieh nur, wie sehr dieser Mann ergeben ist! Obwohl ich heute früh dagegen protestiert habe, dass jemand mir Luft zufächelt, hat er sich am Abend heimlich hinter mich geschlichen, während ich gelesen habe, und mir Luft zugefächelt. Ich habe zu ihm gesagt, dass wenn er so viel Hingabe für mich hat, er auch allen meinen Verehrern Luft zufächeln sollte. Es heißt, dass der Dienst für die Devotees so verdienstvoll sei wie der Dienst für den Guru." Dann wandte er sich V.R. zu. „Ja, geh und tu es! Er glaubt, sein *tapas* sei so mächtig, dass er mir seinen Willen aufzwingen kann. … romba nalladu. Aha! Romba sari. (sehr gut, ausgezeichnet)."

1. Mai 1949

Am vergangenen Abend gegen 21 Uhr kamen drei Ärzte aus Madras, um Röntgenfotos vom Arm des Maharshi zu machen. Heute Morgen schlossen sich ihnen zwei weitere Ärzte an. Sie entschieden, das Radium zu beseitigen und zu sehen, ob es gewirkt hat. Es hat für den Moment das Geschwür am Wachsen gehindert. Vor einer Woche hatten sie einstimmig vorgeschlagen, den Arm zu amputieren, aber der Chirurg Dr. Raghavachari hatte zuerst Radium empfohlen. Heute fand jedoch auch er, dass eine Amputation

unvermeidlich sei, und suchte Sri Maharshi um 16:45 Uhr alleine im Badezimmer auf. „Ich möchte mit Bhagavan offen sein, damit er seine Situation
aus medizinischer Sicht kennt und uns anweist. Es gibt zwei Behandlungs-
möglichkeiten: Die erste ist, das Fleisch bis hinunter zum Knochen wegzu-
schneiden, wodurch diese Hand dann praktisch nicht mehr gebraucht werden kann. Die andere Methode ist sicherer, nämlich die Amputation des ganzen linken Arms an der Schulter. Bhagavan muss das nun entscheiden."

Der Maharshi schwieg einige Sekunden lang und erwiderte dann: „Wie ich
dich um deinen Körper kümmern lasse, so lass mich bitte um den meinen
kümmern." Einer oder zwei Devotees, die in Hörweite dastanden, traten beiseite und schluchzten, denn sie fühlten, dass seine Entscheidung einem To-
desurteil gleichkam. Der Maharshi kehrte völlig gleichmütig in die Halle
zurück.

2. Mai 1949

Die Tempelglocke läutete bis zur Mittagszeit, zusammen mit Trommel-
schlägen, lautem Gebet und *puja*. Damit wurde das *Kumbhabhishekam*, das
am 14. März begonnen hatte, offiziell beendet.

Um 17:15 Uhr sprach der Maharshi mit Devaraja Mudaliar über ein Tamil-
buch, das ins Englische übersetzt worden war. Bhagavan erzählte daraus
eine Geschichte:

„Ein Reisender hatte einen Bach überquert und setzte sich ans Ufer, um aus-
zuruhen. Da sah er, wie ein Blatt von einem Baum herunterfiel. Die Hälfte
von ihm landete im Wasser, die andere Hälfte auf dem Land. Erstere verwandelte sich in einen Fisch und letztere in einen Vogel. Beide begannen,
aneinander zu zerren. Während der Reisende über das Phänomen verwirrt
war, schoss ein Dämon auf ihn herab und trug ihn zu seinem Wohnort, wohin 999 andere Männer auf dieselbe Weise entführt worden waren. Sie hatten den Weg der Tugend und Frömmigkeit verlassen. Der Dämon hatte sie
sehr gut behandelt und ihnen reichlich zu essen gegeben, bis der Neuankömmling ihre Zahl auf 1.000 ansteigen ließ. Da bereitete der Dämon sie
alle für ein Opfer für seinen Gott vor. Da begannen die Männer, den Neuankömmling heftig zu beleidigen, da er die Ursache ihres bevorstehenden

Todes war. In ihrer schrecklichen Angst richteten sie ihren Geist auf den Herrn *Subrahmanya*, der daraufhin erschien, den Dämon tötete und sie rettete."

Am Abend des 30. [April] hatten die Ärzte dem Maharshi eine Bluttransfusion von knapp 600 ml gegeben, was von 22:30 bis 2:00 Uhr nachts dauerte. Er weigerte sich, eine weitere Flasche davon zu nehmen, da es sein übliches Programm, das vorsah, dass er um 5:30 Uhr in der Früh hinausging, durcheinanderbringen würde.

8. Mai 1949

Heute früh kam Dr. Lakshmipathi, der berühmte Fachmann für Allopathie und Ayurveda, aus Madras. Bevor er sich die Wunde ansah, stellte er dem Maharshi eine Frage zu den fünf *koshas* und den drei Körpern, von denen die Hindu-Schriften sprechen. Bhagavan gab ihm wie immer eine advaitische Antwort, worüber er scharf nachdenken musste. Am Abend sah er sich die Wunde an und sagte: „Sie sieht nicht so schlecht aus wie ich dachte." Er wies Dr. Shankar Rao an, eine Auflage aus bestimmten Kräutern, die er ihm nannte, zu machen und meinte, dass dies den Heilungsprozess beenden würde.

Heute schien der Tumor völlig verschwunden zu sein. Durch die Anwendung von Radium hat sich die Wunde fast geschlossen, obwohl sie immer noch hart ist. Der Maharshi sieht auch viel besser und gesünder aus. Die Radium-Nadel war am 5. Mai beseitigt worden.

9. Mai 1949

10:30 Uhr vormittags. Mit der Post kam ein kleiner Korb mit *kadakka* (Myrobalans). Als der Maharshi sie sah, sagte er: „Oh, *kadakka*, ich esse sie täglich." Er zeigte auf einige, die neben ihm lagen. Der ayurvedische Schullehrer Sri Ramachandra Rao aus Bangalore stand auf und sagte: „Wenn wir einige dieser Nüsse mahlen und den Brei auf Bhagavans Wunde legen, wird sie sicherlich heilen." Jeder war über diese einfache Behandlung und die große Wirkung verblüfft. Bhagavan meinte mit einem Augenzwinkern: „Oh ja, er ist Arzt und weiß es." Wir lachten alle, aber am lautesten lachte der Lehrer selbst.

Man sagte uns, dass die Behandlung mit Radium bis zum 5. Juni fortgesetzt werde und dass es sich bei Bhagavans Tumor um ein besonderes Neuro-Sarkom und nicht um Krebs handele. Krebs ist anlagebedingt, d.h. wenn man ihn herausschneidet, kann er an einer anderen Stelle wiederkommen. Ein Sarkom dagegen ist ein örtliches Geschwür, das am selben Ort auftaucht und wieder verschwindet. Wenn es an einem Glied auftaucht und man dieses Glied amputiert, ist es damit verschwunden. Aber Sri Maharshi ist völlig gegen eine Amputation.

14. Mai 1949

Seine Exzellenz Sri C. Rajagopalachariar, der General-Gouverneur von Indien, ist vergangene Nacht in einer Limousine mit seiner Exzellenz, dem Gouverneur von Madras, dem Maharaja von Bhavnagar und ihrer Exzellenz, der Maharani von Bhavnagar mit ihrem Gefolge eingetroffen, um den Tempel über dem Pathala Lingam zu eröffnen. Die Gastgeberin Frau Taleyarkhan empfing die Exzellenzen genau um 8 Uhr heute Morgen im großen Arunachaleswara-Tempel in der Stadt. Nachdem sie Herrn J.H. Tarapore als den Spender und Architekten des Tempels, seine Familie und einige andere vorgestellt hatte, hielt sie ihre Ansprache in Englisch, auf die er in Tamil antwortete. Gegen 8:45 Uhr eröffnete er den Tempel. Danach kehrte er zu seiner Limousine zurück.

Ihre Exzellenzen der Maharaja und die Maharani von Bhavnagar fuhren zum Ashram, wo sie auf zwei Stühlen dem Maharshi gegenübersaßen, die eine Linie mit seinen Füßen bildeten. Seine Exzellenz sagte in Englisch zum Meister, dass er und seine Frau seit langem den Wunsch hatten, seinen *darshan* zu erhalten und sie lieber auf dem Boden sitzen würden als auf Stühlen. Sri Maharshi schwieg und schaute in die Luft, wie er es tut, wenn er mit keiner Arbeit beschäftigt ist. Ihre Gastgeberin sprach in ihrer Muttersprache Gujerati mit ihnen. Nach zehn Minuten erhoben sie sich, verneigten sich vor dem Meister, gingen in den Ashram-Tempel und ließen sich im Ashram herumführen. Um die Mittagszeit kehrten Ihre Exzellenzen und ihr Gefolge nach Madras zurück, nachdem sie am Bahnhof mit dem Generalgouverneur zu Mittag gegessen hatten.

1. Juni 1949

Heute Morgen gab es eine kleine Einweihungsfeier für die neue Tempel-halle, wobei sie zur dauerhaften Darshan–Halle erklärt wurde. Von heute an wird Sri Bhagavan dort die Devotees und Besucher treffen. Nach der Zeremonie wurde ein großer Granitstein gebracht und draußen hingestellt, wo der Maharshi ihn von seinem Sofa aus sehen konnte, wenn er durch die südliche Tür ihm gegenüber hinausschaute. Aus ihm soll seine Statue werden. Er wurde mit Kurkuma und Zinnober bestrichen, und Kampfer-Lichter wurden vor ihm geschwenkt. Das sollte dem Hauptbildhauer (*stapati*), der mit Hammer und Meißel den ersten Splitter herausgehauen hat, Glück bringen.

Vergangenen Abend verneigte sich ein langjähriger Schüler des Maharshi vor ihm. Er ist jetzt ein alter Mann. Ich bemerkte einen Mullverband um seine linke Schulter und dachte bei mir, dass es aussah, als wolle er Sri Bhagavan imitieren. Kaum hatte ich das gedacht, als Sri Maharshi lachend meinte: „Oho! Du willst mit mir konkurrieren. Du hast am selben Ort eine Wunde wie ich." Alle lachten, außer der alte Mann, den der Humor in diesem Moment scheinbar verlassen hatte.

15. Juni 1949

Der Verband ist beseitigt worden. Das auffällige Geschwür ist von einem roten Ring umgeben, der nichts Gutes verheißt. Es wurde nur Benzoin darauf gegeben.

25. Juni 1949

Als am vergangenen Abend gegen 21 Uhr die linke Hand des Maharshi massiert wurde, bat er, auch den oberen Arm, wo die Wunde ist, zu massieren, weil sie juckte. Der Gehilfe antwortete, dass die Ärzte ihn angewiesen hätten, diese Stelle nicht zu massieren, da sie bluten könnte. „Ist das so?", meinte der Maharshi und massierte sie selber lebhaft mit der rechten Hand. Sofort begann die Wunde zu bluten.

Heute früh gegen 8 Uhr sagte Sri Bhagavan: "Gestern hat Prof. Subbaramayya mit mir über Heilung von Krankheiten durch Willenskraft gesprochen, womit er sagen wollte, dass ich meinen Arm durch meinen eigenen Willen heilen soll. Habe ich den Tumor gebeten zu kommen, sodass ich ihm jetzt sagen kann, er soll wieder verschwinden? Er ist von selbst gekommen. Was habe ich oder mein Wille mit ihm zu tun?" Er ist scheinbar entschlossen, seine Krankheit völlig sich selbst zu überlassen, ohne die Spur eines Wunsches, wieder gesund zu werden oder nachzudenken, was am besten getan werden könnte. Er sorgt sich weniger darum als um einen Klumpen Dreck an der Wand hinter ihm.

5. Juli 1949

Am 3. Juli waren die Ärzte einstimmig der Meinung, dass kein Radium mehr angewandt werden konnte, da die letzte Anwendung die Haut verbrannt und nur das rohe Fleisch übriggelassen hat. In jedem Fall wird Sri Bhagavan so wenig einer weiteren Behandlung mit Radium zustimmen als der Amputation. Die Verantwortlichen des Ashrams ließen deshalb den Kräuterheilkundler holen, der vor vielen Jahren den Bruch seines Schlüsselbeins behandelt hat. Heute kam er und gab eine Paste aus Heilkräutern auf die Wunde.

Ihre Hoheiten von Mandi kamen am 3. Juli mit ihrem Sohn. Heute ging Rani Saheba furchtsam zu Sri Maharshi und bat ihn, sich selbst zu heilen. In ihrer angenehmen, sanften Stimme drohte sie: „Ich werde nicht eher gehen, bis Bhagavan mir verspricht, sich selbst zu heilen." Er winkte nur mit seiner rechten Hand ab und verwarf den Vorschlag völlig.

6. Juli 1949

Muruganar Swami, ein alter, hervorragender Schüler, Tamil-Gelehrter und Dichter, gab Maharshi ein tamilisches Gedicht, das er geschrieben hatte, mit dem Gebet, Sri Bhagavan möge hundert Jahre alt werden und völlig gesund sein. Ein Devotee las es laut vor. Als Sri Maharshi es hörte, sagte er: „Es gibt eine Geschichte über einen Vishnu-Heiligen, bei dessen hundertstem

Geburtstag seine Schüler beteten, dass er weitere hundert Jahre leben möge. Du willst, dass ich hundert werde, und wenn es dann so weit ist, willst du um weitere hundert Jahre beten!"

15. Juli 1949

Bhagavans Gesundheit scheint sich zu verbessern. Seit einigen Tagen sind Teile seines Tumors abgefallen. Gestern fiel das letzte Stück ab. Heute hat der Kräuterheilkundler eine hautreizende Salbe auf die Wunde aufgetragen, um „die krankmachende Materie" der Oberfläche zu entziehen, die jetzt glatt ist. Auch Medikamente werden seit einigen Tagen gegeben. Am Abend musste die Reizung sehr stark gewesen sein, da er zitterte und vielleicht auch Fieber hatte, wenn man seine Teilnahmslosigkeit, Schläfrigkeit und seinen benommenen Blick beurteilte, obwohl er wie üblich nicht über Schmerzen und Unannehmlichkeiten klagte. Aber als er sich um 16:45 Uhr vorbereitete, nach draußen zu gehen, war er sehr schwach. Sein ganzer Körper schüttelte sich, seine Beine trugen sein Gewicht nicht und konnten nicht einmal einen Schritt bewältigen. Wir alle glaubten, er würde vor unseren Augen zusammenbrechen, aber irgendwie blieb er auf den Beinen und konnte mit Hilfe der Gehilfen ins Badezimmer gehen, wo die alte Auflage mit einer Auflage von neuen, besänftigenden Kräutern ersetzt wurde.

Als er zurückkam, waren seine Schwäche und das gewaltsame Nachschleppen der Beine ausgeprägter. Als er die hohe Schwelle der Halle überschritt und uns ansah, war sein Gesicht vom Tod gezeichnet. Die Belastung des Herzens durch die Strapaze und vielleicht auch durch die Arznei war enorm, wie wir seinem lauten Keuchen entnahmen, selbst nachdem er sich erschöpft auf seine Couch hat fallen lassen. Alle anwesenden dreihundert Männer und Frauen wurden blass und standen wie gelähmt da, bis die Gehilfen ihnen durch Zeichen zu verstehen gaben, dass sie sich hinsetzen sollten.

Selbst in einem ernsten Moment wie diesem, wenn das Leben am seidenen Faden hängt, nimmt Sri Maharshis Besorgtheit um die Gäste und Devotees den ersten Platz für ihn ein. Denn kaum hatte er sich ausgeruht, rief er den Gehilfen Satyananda herbei, der ihn auf dem Weg zum Badezimmer und zurück an der Hüfte gehalten hatte, und flüsterte ihm etwas zu. Später wurde bekannt, dass er seinen Wunsch geäußert hatte, dass die Gepflogenheiten bei den Mahlzeiten nicht geändert werden sollten, was bedeutete, dass er nicht alleine in der Darshan-Halle essen würde – was nach seiner Vermutung so geplant war – sondern wie immer mit den anderen im Speisesaal.

Der Speisesaal liegt weit von der Darshan-Halle entfernt. Ihr südlicher Eingang, durch den der Maharshi gewöhnlich hereinkommt, hat eine steile siebenstufige Treppe. Um dorthin zum Abendessen zu gelangen, musste Sri Bhagavan, nicht nur zu Fuß gehen, sondern auch die schreckliche Schwelle der Halle überqueren und die sieben Stufen hinaufsteigen, was seine Gesundheit nicht zulässt. Einige seiner wichtigen Schüler gingen nacheinander zu ihm und baten ihn um seine Zustimmung, allein in der Darshan-Halle, wo er saß, zu Abend zu essen. Aber er weigerte sich.

Uns schlug das Herz bis zum Hals, als um 19:30 Uhr der Essensgong ertönte und wir sahen, wie er sich vorbereitete, aufzustehen und zu gehen. Er ging, und sogar mit festen Schritten. Um ihm den südlichen Eingang zu ersparen, wurde er gebeten, den nördlichen zu nehmen, der nur zwei leichte Stufen hat, aber er lehnte es ab, ging zum südlichen Eingang und erklomm die hohen Stufen. Er torkelte eine Weile lang. Als er sah, dass die Gehilfen bereitstanden, um ihn zu halten, blieb er stehen, wandte sich ihnen zu und sagte: „Wenn ihr mich in Ruhe lassen würdet, könnte ich viel sicherer gehen." Und er betrat ohne Hilfe den Speisesaal.

20. Juli 1949

Vergangenen Abend sah sich eine Ärztin die Wunde des Maharshi an und sagte zu einigen von uns, dass wir darauf nicht stolz sein könnten, da der Tumor immer noch da war, und was von der Wunde abgefallen war, nur die blumenkohlartigen Wucherungen gewesen seien, die durch die scharfe Kräuterauflage abgestorben waren.

31. Juli 1949

Das Vertrauen in den Kräuterheilkundler ist völlig verschwunden. Der Tumor ist gewachsen, und Bhagavans Gesundheit hat sich sehr verschlechtert. Jeden Abend hat er erhöhte Temperatur, und er hat den Appetit verloren.

Am 25. Juli kam Dr. Guruswami, der berühmte Arzt aus Madras und sah sich die Wunde an. Er war mit der Radiumbehandlung und der scharfen Kräuterauflage sehr unzufrieden und verschrieb Injektionen. Die erste wurde am Abend des 28. Juli gegeben.

Heute früh wurden acht Ärzte im Ashram gezählt. Weitere kamen zur Mittagszeit zu einer großen Besprechung zusammen. Bhagavan ist freundlich und heiter wie immer, obwohl seine Gesundheit heute viel schlechter als gestern ist. Als er den Radiologen Krishnamurti in der ersten Reihe neben dem großen Schüler Balaram Reddiar sitzen sah, rief er verwundert: „Ach, was für ein Zufall! Er (der Radiologe) erinnert mich immer an Balaram – dasselbe Aussehen, dasselbe Haar, dieselben Gesichtszüge – und jetzt sitzen sie nebeneinander. Balarama ist der ältere Bruder von Sri Krishna, und dieser Balarama ist älter als dieser Krishnamurti." Dann lachte er herzlich.

Seit einigen Tagen hatten die Brahmanenpriester des Ashrams täglich eine besondere *puja* und *Suryanamaskar* (Verehrung der Sonne) für die Heilung des Maharshi gefeiert. Heute meinte der Maharshi: „Wozu soll das nützen? Der Geist, der in der Sonne ist, ist hier und überall."

Gegen 15 Uhr versammelten sich alle Ärzte zu einer Besprechung. Sri Maharshi wollte in seiner mitleidsvollen Art, dass auch die beiden Homöopathen dazugeholt wurden. Man rief sie herbei, um seinen Wunsch zu respektieren, aber kein Arzt außer einem schenkte ihnen seine Aufmerksamkeit. Am Abend wurde einer von ihnen getadelt, da er Sri Maharshi am Nachmittag eine homöopathische Dosis gegeben hatte.

2. August 1949

Da der Maharshi am Abend Fieber hatte, wurden ihm vier Spritzen mit Penizillin verabreicht, die es in den letzten beiden Tagen aufgehalten hatten.

Gestern war entschieden worden, dass ihm wegen seiner großen Schwäche die größtmögliche Ruhe und Bequemlichkeit gegönnt werden sollte. Deshalb wurden die Schüler gebeten, nur eine Stunde morgens und abends dem üblichen *Parayanam* (der vedischen Rezitation) beizuwohnen. Um 9:30 Uhr wurden deshalb die Türen geschlossen, was der Maharshi nicht bemerkte. Aber als er sah, dass um 15:30 Uhr nachmittags die Türen immer noch geschlossen waren und von der neuen Regelung erfuhr, rebellierte er und befahl, die Türen sofort zu öffnen. Er meinte: „Viele Leute kommen von weit her zum *darshan* und können nicht bis zum Abend warten. Sie sollen nicht enttäuscht werden. Zweitens werden die Leute etwas Ernstes vermuten, wenn die Türen geschlossen bleiben, und die ganze Stadt wird herbeiströmen. Drittens, wenn ihr den Zugang für die Devotees auf diese Stunden begrenzt, wird einigen die Zeit nicht passen, und es ist für sie sehr unangenehm." Die Türen blieben fortan offen, aber die Devotees wurden persönlich gebeten, ihm durch ihre Anwesenheit keine Unannehmlichkeiten zu bereiten, woran sich die meisten hielten.

Heute ist Dienstag und ein Hindufest. Beständig strömten Dorfbewohner in die Halle, um sich zu verneigen und dann den heiligen Berg Arunachala zu umrunden. Auch heute blieb die Halle wie üblich offen, aber die Verehrer kamen nur während der zwei festgesetzten Stunden, außer einige wenige, die nicht überzeugt werden konnten. Die Glocke des Tempels schwieg an diesem Abend.

7. August 1949

Obwohl morgen Vollmond ist und somit Maharshis Tag für seine Rasur, wurde er bereits gestern rasiert. Seit gestern wurde das *Parayanam* eingestellt und damit der Zutritt der Schüler zur Halle. Nur Besucher konnten hereinkommen, sich verneigen und sofort wieder gehen. Die Schüler konnten sich vor der Halle verneigen.

Am vergangenen Abend kam der Chirurg Raghavachari. Vor ihm trafen die nötigen Instrumente, das Blutplasma usw. für die heutige Operation ein. Um 7 Uhr heute früh kam auch Dr. Guruswami mit dem Wagen. Sri Maharshi ging sehr früh am Morgen in die Apotheke, um für die Operation vorbereitet zu werden. Ihm wurde eine Injektion eines neuen Betäubungsmittels der Novocaine-Familie in die linke Schulter gespritzt sowie Omnopon, ein Alkaloid von Opium, um ihn in einem Dämmerzustand zu halten und den Schmerz der Operation zu betäuben. Durch die Verwendung eines diathermischen Messers ist die Operation blutlos. Es ist kein wirkliches Messer, sondern eine stumpfe Nadel, die elektrisch angewandt wird. Die Nadel bewegt sich nur über das Fleisch, das weggeschnitten werden soll. Der elektrische Strom schneidet es weg, wobei gleichzeitig die Blutgefäße verödet werden, um eine unmittelbare Gerinnung zu erreichen, sodass es keine Blutung und Infektion geben kann.

Gegen 8:15 Uhr begann die Operation ordnungsgemäß. Der Chirurg achtete sorgfältig darauf, keine kranke Zelle in der Wunde zu lassen. Deshalb musste er sehr tief schneiden, ohne den Ellennerv zu verletzen. Die Operation dauerte etwa zweieinhalb Stunden. Dann wurde der Arm eingegipst und fest bandagiert. Kurz nachdem die Operation begonnen hatte, atmete Sri Maharshi schwer, was den Chirurgen erschreckte. Er hörte für eine Weile auf und gab ihm eine Bluttransfusion. Die beiden Flaschen Blutplasma, die er mitgebracht hatte, genügten nicht, sodass frisches Blut vom Radiologen und anderen genommen und mit dem Plasma vermischt oder direkt gegeben wurde. Er erhielt insgesamt 250 ml Plasma und 650 ml frisches Blut.

Von 8 Uhr an strömten Verehrer aus Südindien und aus der Stadt herbei, sodass um 10:30 Uhr Polizisten und Freiwillige die Menge kontrollieren mussten. Alle Zugänge zur Apotheke waren geschlossen und Wachen vor ihnen aufgestellt worden. Zahlreiche Ärzte hatten sich in die Apotheke gedrängt oder eilten für die eine oder andere Aufgabe hinein oder heraus. Gegen 10:45 Uhr kam Niranjanananda Swami mit Dr. Guruswami heraus und sagte zu der ängstlichen Menge: „Die Operation war sehr erfolgreich, aber Bhagavan muss sich heute ausruhen und kann nicht besucht werden. Die Devotees mögen jetzt freundlicherweise gehen. Morgen ist wieder *darshan* möglich, wenn die Ärzte es erlauben."

Die Menge löste sich allmählich auf, versammelte sich aber um 17 Uhr wieder. Sri Maharshi hatte erfahren, dass eine große Anzahl von Devotees unbedingt wissen wollte, wie es ihm ging. Er bestand darauf, in die Darshan-Halle zu gehen, was die Ärzte bestürzte. Doch schließlich stimmte er dem Kompromiss zu, auf der Veranda der Apotheke zu sitzen und dort *darshan* zu geben. Die *Bhaktas* stellten sich in einer Reihe auf und zogen nacheinander an ihm vorbei, wobei sie sich nur vor ihm verneigten. Eine Niederwerfung war aufgrund der knappen Zeit und der Beengtheit nicht erlaubt.

9. August 1949

Gestern fühlte sich Sri Maharshi mit dem Gips sehr unwohl. Die Wunde juckte stark, aber der Gips war zu dick, sodass eine Massage nicht wirkte. Um 11:30 Uhr wurde der Gips beseitigt. Um 12:45 Uhr stand der Maharshi plötzlich auf und ging die Treppe der Apotheke hinunter zur Darshan-Halle. Die Ärzte waren verblüfft, eilten mit gefalteten Händen zu ihm und taten ihr Bestes, um ihn zurück ins Bett in die Apotheke zu bringen, wenigstens bis 16:45 Uhr, aber es nutzte nichts. Er torkelte zum neuen Badezimmer und dann in die Darshan-Halle. Um 17:15 Uhr durften die Leute durch die östliche Tür hereinkommen, sich vor ihm verneigen und mussten direkt wieder zur südlichen Tür hinausgehen.

Heute Morgen wurde niemandem erlaubt, die Halle zu betreten, nicht einmal, um sich nur zu verneigen, obwohl die Temperatur des Maharshi normal war und er sich besser fühlte. Man musste das draußen vor der südlichen Tür tun, die offen stand, mit einer Falttür davor, durch die die Verehrer seinen *darshan* haben konnten, ohne hereinzukommen. Der Tisch für die Opfergaben, der normalerweise neben seinem Sofa steht, wurde heute vor der südlichen Tür aufgestellt, sodass Blumen und Obst dort abgelegt werden konnten. Er erhielt Penizillinspritzen, um eine Sepsis zu vermeiden.

14. August 1949

Um 17 Uhr kam der Madraser Radiologe Dr. P. Rama Rao, steckte Radiumnadeln in Wachs und formte es über der Wunde des Maharshi. Dann bandagierte er den Arm mit Gips, sodass selbst dann, wenn er die Hand bewegte, die Radiumform an Ort und Stelle blieb. Er legte sie mit mathematischer Genauigkeit auf, die längeren und dickeren Nadeln in der Mitte, die schmalen und schwächeren an den Enden der Form. Die Radiumnadeln sind in Goldbehälter. Die stärksten und zweitstärksten Nadeln sind tödlich, und obwohl sie von Hartgold umschlossen sind, werden sie nur mit einer Zange angefasst. Jede Nadel ist geschätzt 200 bis 400 Jahre alt.

Der Heilungsprozess hat noch nicht begonnen, obwohl bereits sieben Tage seit der Operation vergangen sind. Man hält die Schwäche des Maharshi für den Grund. Die Türen der Halle bleiben geschlossen. Die Menschen verneigen sich vor der südlichen Tür.

15. August 1949

Wegen des Unabhängigkeitstages öffnete heute der Gehilfe Krishnaswami auf eigene Verantwortung die Tür der Halle und ließ die Leute herein, damit sie sich verneigen konnten.

18. August 1949

Um 5:40 Uhr beseitigte der Ashram-Arzt Dr. Shankar Rao die Form mit dem Radium und fand ein gesundes Granulationsgewebe vor, was ein Zeichen für Heilung ist. Es besteht die Hoffnung auf eine völlige Genesung, wenn das Geschwür nicht innerhalb eines Monats wiederkommt.

Die Türen der Halle bleiben seit dem 15. nur offen, damit die Leute sich vor ihm verneigen können. Sri Maharshi erhält sein Essen in der Darshan-Halle auf einem Tisch, der neben sein Sofa gestellt wird. Er denkt ständig an die Devotees, die ihn zur Essenszeit vermissen könnten. Gestern fragte er: „Wann kann ich wieder im Speisesaal mit den anderen essen?"

Gegen 15:30 Uhr kam Dr. Rama Rao mit seiner Familie aus Madras, sah sich die Wunde an und sagte, dass man erst in drei Wochen eine Prognose geben könne.

24. August 1949

Heute Abend wurde das *Parayanam*, das seit einigen Wochen nicht mehr stattgefunden hat, wieder aufgenommen und soll auch weiterhin stattfinden. Sri Bhagavans Gesundheit erlaubt es, dass Devotees wie früher morgens und abends in der Halle sitzen können. Zum ersten Mal seit dem 6. August ertönte die große Glocke des Ashram-Tempels heute Abend während der *puja*.

Sri Maharhi sieht gut aus und geht schnell genug, aber in meinen Augen ist er seit der letzten Operation viel dünner geworden. Manchmal scherzt er mit den Gehilfen. Der Schmerz, den er vor und während der Anwendung mit

Radium hatte, ist abgeklungen und wird bis zu einem gewissen Grad durch das Auflegen von heißen Wasserflaschen gemildert.

Seit einigen Tagen wird am Abend ein kleiner Leopard in den Ashram und zum Maharshi gebracht, der ihn streichelt und intensiv anschaut. Der *Sarvadhikari* ist sehr zärtlich zu ihm und drückt seine Liebe aus, indem er ihn fest auf den Rücken klopft und mit drei Tassen Milch belohnt, die er begierig wie eine Katze schlappert.

27. August 1949

Die Wunde des Maharshi, die gereinigt worden ist und seit einigen Tagen heilt, bildet wieder eine Kruste. Um 16:30 Uhr schlossen Dr. Raghavachari und seine Assistenten die Halle für etwa eineinhalb Stunde und nahmen ein wenig von der Kruste ab, die sie zur Untersuchung nach Madras mitnahmen. Sri Maharshi magert am Hals und an den Beinen immer mehr ab.

29. August 1949

Sri Maharshi verfasste einen Tamilvers, über den eine englische Verehrerin sehr glücklich war und sich darauf freute, ihn in englischer Übersetzung zu lesen. Sie hielt ihn für ein Preislied des Herrn der Schöpfung. Es stellte sich jedoch heraus, dass es sich um ein Rezept für ein Abführmittel handelte, das der Maharshi in zehn langen Zeilen eigenhändig aufgeschrieben hatte. Bhagavan ist vor Freude außer sich und zeigt es jedem wie ein Schuljunge, der sein erstes Gedicht geschrieben hat.

11. September 1949

Heute ist der letzte der 48 Tage des *Suryanamaskar*-Gebets, das Dr. Guruswami für die Heilung Sri Maharshis empfohlen hat. Täglich war es in der *Veda-Patasala* von Brahmanen vorgelesen worden. Aber heute, am letzten Tag, wurde es nach dem täglichen Gebet in der Halle rezitiert, was zwei Stunden dauerte, von 7:40 bis 9:40 Uhr. Es besteht aus 132 Hymnen aus dem *Yajur Veda*. Wir haben ihm sehr gerne zugehört. Es hat einen lieblichen

Rhythmus und wurde leidenschaftlich mit synchronen Stimmen von sieben Brahmanenjungen gesungen, die von ihrem Lehrer angeführt wurden.

Sri Bhagavan sieht besser aus, und es heißt, dass die Wunde heilt, wenn auch nur sehr langsam, was uns auf eine völlige Genesung hoffen lässt. Vielleicht haben die erbauenden Melodien des *Yajur Veda* mit diesem Optimismus zu tun.

24. September 1949

Die alte Mudaliar Patti, die dem Maharshi täglich Reis gebracht hat, den sie vierzig Jahre lang Zuhause und auf eigene Kosten gekocht hat, ist gegen Mitternacht gestorben. Sobald Sri Maharshi es erfuhr, begann er, über sie zu sprechen, und erzählte den ganzen Tag lang ihre Geschichte. Sie kam 1908, ein Jahr nach Echammal, zum ersten Mal zu ihm in die Virupaksha-Höhle hinauf und hing in ihrer unermüdlichen Hingabe und ihrem aufrichtigen Dienst an ihm. Er fragte, wo sie beerdigt werden würde, und als man ihm sagte, dass sie auf dem allgemeinen hinduistischen Verbrennungsplatz verbrannt werden sollte, sagte er, sie solle dort beerdigt werden, wo sie gestorben sei. Sein Befehl musste befolgt werden. Also wurde in diesem Gelände, nicht weit vom Ashram entfernt, eine Grube gegraben. Sie wurde im Yoga *asana* mit gekreuzten Beinen, wie es bei *sannyasins* üblich ist, in die Grube gesetzt. Dann wurden Blumengirlanden um sie gelegt. Sie wurde mit heiliger Asche und Kampfer bestreut und schließlich begraben.

15. Oktober 1949

Der Maharshi leidet unter Steifheit und seinem Rheumatismus im linken Knie, wofür ein brahmanischer Devotee ihm eine homöopathische Dosis Magnesia Phosphorica gegeben und feuchte Umschläge gemacht hat. Er kann nur mit Schwierigkeiten gehen. Um ihm nachts einen leichten Zugang zum Badezimmer zu ermöglichen und ihm die hohe Schwelle der Halle zu ersparen, die zu einem Alptraum geworden ist, wird sein Bett von heute Nacht an in dem kleinen Raum neben dem Badezimmer aufgestellt. Er wurde bis jetzt als Lager für die Sofawäsche und andere persönlichen Dinge von ihm benutzt.

20. Oktober 1949

Yusif Meherali, der Vorsitzende der Sozialisten Indiens, der dreizehn Tage zur Erholung in der Nähe des Maharshi verbracht hat, ist heute wieder gegangen.

5. November 1949

Heute ist Vollmond. Sri Maharshi wurde wie üblich rasiert. Am Abend hat in der Halle kein *Parayanam* stattgefunden, aber eine große *puja* im Tempel wegen eines bedeutenden Hindu-Fests. Nachdem das heilige *Lingam* mit gekochtem Reis bedeckt worden war und bevor die heiligen Lichter geschwenkt wurden (*arati*), ließ man Sri Bhagavan auf einen Stuhl auf dem steinernen Lotus in der Mitte der Halle sitzen, wo er das Allerheiligste direkt sehen konnte. Die Verehrer ließen sich auf beiden Seiten neben ihm auf dem Boden nieder. Während des *arati* war Sri Bhagavan völlig nach innen gekehrt, wie er es fast immer bei religiösen Anlässen ist. Als das *arati* vorbei war, wurde ihm zurück auf sein Sofa geholfen, das nur wenige Schritte entfernt stand.

4. Dezember 1949

Heute ist der *Deepam*-Tag – der Vollmondtag im Monat von *Kartikai*, der für die Hindus im Süden sehr heilig ist. Die heilige Flamme wird heute Nacht auf dem Gipfel des Arunachala, des Bergs des Feuers, entzündet, der das Licht des Geistes in allen Herzen und im Universum symbolisiert. Arunachala, ein anderer Name für Shiva, hatte Sri Maharshi vor 53 Jahren bezaubert, als er noch ein Teenager war. Der Berg machte ihn zu seinem eigenen Wesen und von seiner Essenz ununterscheidbar. Arunachala, nur ein Berg aus Gestein, blieb für ihn das selige, universale Selbst und der lebende Guru, beides in einem. Jedes Jahr seit der Gründung des Ashrams wird dieser Tag mit Festbeleuchtung, Gebeten, Vorlesen der Veden und frommen Liedern begangen, dem die Verteilung verschiedener Arten von *prasadam* folgt.

Heute Nacht saß Sri Maharshi auf der nördlichen Veranda der Darshan-Halle, von wo aus er direkt auf den Berggipfel sehen konnte. Um ihn herum

129

saßen hunderte von Verehrern, einige auf der Veranda, aber die meisten auf dem sandigen Boden. Nicht weit von seinem Sofa entfernt stand das große Messinggefäß, das dreiviertel mit reinem Ghee gefüllt war und aus dem ein dicker Docht herausragte, bereit, im rechten Moment als die Ashram-Flamme entzündet zu werden, sodass gleichzeitig drei heilige Feuer brennen werden: das auf dem Berg, das im Arunachaleswara-Tempel und das im Ashram.

Aber dieses Jubiläum trägt einen Stachel. Wird der Gesundheitszustand Sri Maharshis es ihm ermöglichen, ein nächstes *Deepam* zu erleben und körperlich bei uns zu sein, oder ist es das letzte? Da wir ihn frisch und strahlend wie immer dasitzen sehen, den Blick erwartungsvoll auf den Gipfel seines geliebten Arunachala gerichtet, können wir nur optimistisch sein bezüglich seiner Genesung. Der Körper, den eine äußerst bösartige Krankheit befallen hat, der oft dem Messer des Chirurgen zum Opfer fiel, von Radium verbrannt und mit allen möglichen starken Arzneien betäubt wurde, zeigt keine Spur der qualvollen Tortur. Seine Augen strahlen, und sein Gesicht trägt einen freudigen Ausdruck. Welche Wunder wirken an ihm! Was ist sein Geheimnis?

Zehn Minuten vor Sonnenuntergang war es Zeit, das *Deepam*-Feuer zu entzünden. Sri Niranjanananda Swami tauchte auf. Mit bloßer Brust und frisch gebadet, mit den Shiva-Zeichen ausdrucksstark auf den Armen, der Brust und der Stirn, stand er neben dem Ghee-Behälter und nahm die Opfergaben an Ghee entgegen, die meist Verehrerinnen brachten, und schüttete sie in das Gefäß. Eine oder zwei Minuten vor sechs schoss die Flamme plötzlich auf dem Gipfel des Berges hoch, und unsere Ashram-Flamme folgte direkt, begleitet vom Lesen des Na Karmana, auf das eine Reihe von Gesängen folgte.

Die Gesundheit des Maharshi ist einigermaßen gut, aber man muss ihn hochziehen, wenn er auf seinem Sofa herunterrutscht, und ihm helfen, wenn er steht oder zu gehen beginnt. Das ist nicht nur wegen seiner schwachen Muskeln so, sondern auch wegen der Steifheit in den Knien und in den Hüften und seiner Unfähigkeit, den linken Arm zu gebrauchen. Er kann nur die linken Finger gebrauchen, wenn er seinen Ellbogen nicht bewegt.

Vor etwa zehn Tagen ging er in den Lagerraum der rückseitigen Küchentür gegenüber, um die renovierte Veranda zu sehen. Als er nach oben sah und über der Tür des Lagerraums ein Relief des Arunachala mit der Lichtsäule in Zement erblickte, kamen ihm Erinnerungen, und er sagte zu den Gehilfen, dass dies eine Kopie der Skizze sei, die er vor über zwölf Jahren auf Papier gezeichnet hatte. Alle Arbeiter waren glücklich über seinen Besuch, da er die über fünfzig Meter in beide Richtungen bewältigt hatte.

13. Dezember 1949

Der Chirurg Raghavachari kam gestern gegen 14 Uhr, sah sich den Tumor an und befahl seinem Team, die nötigen Vorbereitungen für die Operation zu treffen, die er auf Sonntag, dem 18. Dezember, ansetzte. Sri Maharshi fragte ihn, was geschehen würde, wenn der Tumor sich selbst überlassen bliebe, und er antwortete, dass er sehr groß werden und alle möglichen Beschwerden und Komplikationen hervorrufen würde, und meinte: „Jetzt ist er nicht größer als eine kleine Zitrone. Man kann ihn leicht beseitigen." Sri Maharshi döst zurzeit viel, und der Rheumatismus in seinen Knien ist so schlimm geworden, dass fast immer zwei Gehilfen seine Beine und Schenkel massieren. Sein Essen ist nicht nahrhaft, und er lehnt oft alle zusätzlichen Mahlzeiten und Obst ab.

19. Dezember 1949

Gestern wurde die Ashram-Apotheke für die Operation vorbereitet, die eigentlich gestern stattfinden sollte, dann aber auf heute verschoben wurde. Heute früh um 5:30 Uhr ging Sri Maharshi langsam hinein. Gegen 6:15 Uhr begann die Operation und dauerte bis gegen 7:30 Uhr, aber die Ärzte kamen erst gegen 9:30 Uhr heraus, nachdem sie ihm eine Bluttransfusion von 400 ml von meist frischem Blut gegeben hatten.

21. Dezember 1949

Sri Maharshi ist immer noch in der Apotheke, und die Devotees haben nur eine halbe Stunde am Morgen und Abend, um an ihm vorbeizuziehen, gerade so viel Zeit, um sich zu verneigen und weiterzugehen. Er ist sehr blass und schwach.

Ich erfuhr, dass ihm letzte Nacht ein Schmerz- und Schlafmittel gegeben wurde, damit es ihm besser ging. Aber es wird keine genaue Information gegeben und kein Tagesbericht. Der Chirurg hatte den Verantwortlichen mitgeteilt, dass nun alles medizinisch Mögliche für den Maharshi getan worden sei. Sie könnten jetzt für ihn tun, was sie für das Beste hielten. Das verwirrte die Verehrer sehr. Jeder dachte daran, dass sein Lieblingsarzt oder Spezialist sich der Sache annehmen könnte, aber keiner wagte einen Vorschlag. So machten Pessimismus und Verzweiflung die Herzen der Verehrer schwer. Viele Frauen, die Sri Bhagavans schlechte Gesundheit sahen, kehrten mit Tränen, die ihnen die Wangen hinunterliefen, vom *darshan* zurück. Jeder fragt: „Was soll jetzt geschehen?"

23. Dezember 1949

Die Besorgnis über die Gesundheit des Maharshi ist größer geworden, und die aufgestauten Gefühle der Devotees haben sich gestern bei vielen im Ruf nach Homöopathie Luft verschafft. Die Homöopathie-Verfechter marschierten ins Büro und schickten nach einer langen nächtlichen Besprechung ein Telegramm an Sri T.S. Iyer, einen alten Homöopathen in Südindien, mit der Bitte, den Fall zu übernehmen.

Um 19 Uhr erzählte der Gehilfe Rangaswami mir mit schläfrigen Augen und müdem Blick, dass nach der letzten Operation Sri Maharshis Schmerzen stärker geworden seien und seine Kraft abgenommen habe. Er fügte hinzu: „Jetzt müssen vier Leute gleichzeitig die ganze Nacht über wach bleiben, um ihn von der Couch auf die Füße zu stellen, wenn er ins Badezimmer will, da er an keine Bettpfanne gewohnt ist. Bhagavan schläft und isst kaum, denn sobald er Reis isst, aus dem sein Essen hauptsächlich besteht, würgt er ihn sofort wieder heraus. Er nimmt nur Saft, einen Apfel und ein wenig Pfefferwasser zu sich. Wir haben fast gar nicht geschlafen. Was sollen wir tun? Die Wunde ist inzwischen sehr groß und bedeckt fast den ganzen Oberarm."

24. Dezember 1949

Der Homöopath T.S. Iyer ist am frühen Morgen angekommen und hat mit dem Maharshi eine Stunde lang in der Apotheke gesprochen. Sri Bhagavan war sehr freundlich zu ihm und beantwortete all seine Fragen, was er selten tut. Er respektiert immer Leute, die älter als er sind. T.S. Iyer begann die Behandlung mit einer Calendula-Lotion als äußere Anwendung. Morgen wird er auch Medikamente geben.

26. Dezember 1949

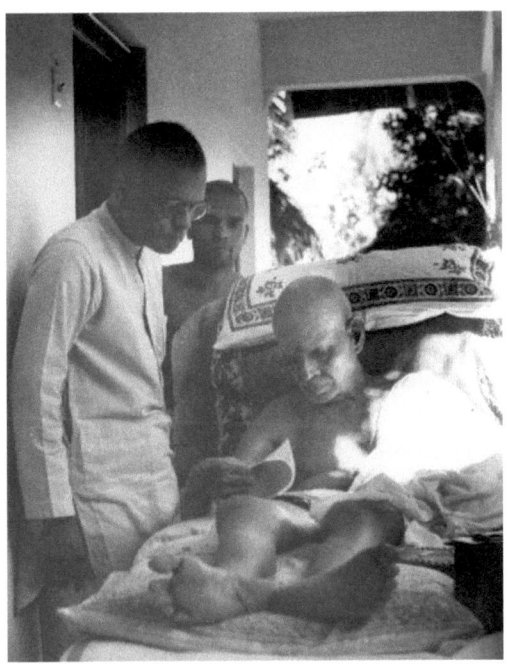

Dr. Raghvachari ist heute gekommen, hat den Maharshi gesehen und ein Gespräch mit dem Homöopathen geführt. Danach ist er nach Madras zurückgekehrt. Seit gestern isst der Maharshi Reis, ohne dass es ihm Probleme bereitet. Der Abend- und Morgen-*darshan* dauern fort und wurden auf jeweils eine Stunde verlängert.

133

Gegen 21 Uhr vergangenen Abend schlüpfte Sri Maharshi still aus der Apotheke und ging in sein kleines Schlafzimmer, wo er die Nacht verbrachte. Anstatt zur Darshan-Halle zu gehen wie zuvor, befahl er heute, sein Sofa vor das kleine Zimmer in den Durchgang zu stellen, und gab dort von 9 bis 10 und von 17 bis 18 Uhr *darshan*, ohne das übliche Veda *Parayanam*. Am Abend war der Zustrom gewaltig, da die Verehrer zu seinem Geburtstag eintrafen, der in diesem Jahr auf den 5. Januar fällt. Alle großen Veranden und jeder Platz vor dem Maharshi war voller Leute, was es sehr erschwerte, dort zu meditieren. Das Gedränge war so groß, dass viele Frauen gebeten wurden, sich unten im Kokosnussgarten einen Platz zu suchen, von wo aus sie Sri Bhagavan sehen konnten.

Der Meister ist schwach, und es strengt ihn an, wenn er das Sofa verlassen muss. Drei Gehilfen müssen ihm helfen, damit die linke Hand nicht bewegt oder berührt wird. Doch es kostet ihn viel Anstrengung, sich durch die Enge zwischen der Wand und dem Sofa zu zwängen.

5. Januar 1950

Heute ist *Jayanti* – Sri Maharshis 70. Geburtstag. Es hat sich das Gerücht verbreitet, dass der *Sarvadhikari* ihn bitten wird, zur Feier und *arati* wegen des großen Zustroms an Devotees in die große Halle zu gehen. Wir waren deswegen besorgt und fürchteten, dass die schwierige Überquerung der bedrohlichen Schwelle ihm noch den Rest gegen könnte. Aber zu unserer Erleichterung gab er heute Morgen seinen *darshan* im üblichen Durchgang. Er saß von 9 bis 10:30 Uhr dort, als *arati* herausgebracht wurde. Zum ersten Mal in der Ashram-Geschichte nahm heute der Maharshi sein Geburtstagsessen nicht zusammen mit den Devotees ein. Seine steifen Knie erlauben es ihm nicht, auf dem Boden zu sitzen. Zudem hat der Homöopath ihn auf Diät gesetzt, ohne Chili, Tamarinden, Knoblauch, Zwiebeln usw. Am Nachmittag gab er von 15 bis 18 Uhr *darshan*, zwei Stunden länger als üblich, um keine *sadhakas* zu enttäuschen, die von weit her gekommen sind.

Sri Maharshis Gesundheit erlaubt es, dass er von morgen an den *darshan* am Morgen und Abend jeweils auf eineinhalb Stunden verlängert. Heute Nachmittag war er wegen eines kleinen Vorfalls sehr aufgebracht, als im Badezimmer keiner da war, um ihm zu helfen. Er kam heraus und tadelte seine Gehilfen, dass sie ihm in der Gegenwart anderer gewissenhaft ihre Aufmerksamkeit schenkten, aber ihn im Privaten im Stich ließen, und bat sie, sich nicht mehr für diese Schau um ihn zu drängen. Die alten Schüler wussten, dass er nicht ihre völlige Hingabe und ihren bereitwilligen Dienst leugnete, den sie alle seiner geliebten Person zukommen ließen, sondern sie nur auf Trab halten wollte.

20. Januar 1950

Das Veda *Parayanam*, das seit dem 19. Dezember nicht mehr stattgefunden hat, wurde heute wieder aufgenommen, aber nicht beim Maharshi wie zuvor, sondern im Tempel. Wir konnten es auf der östlichen Veranda hören, von wo aus wir den Maharshi sehen konnten.

8. Februar 1950

Die homöopathische Behandlung wird mit Thuja C30 fortgesetzt, gefolgt von Nux Vomica gegen die Verstopfung. Seit dem 6. Februar wurde dem Maharshi eine Dosis von Thuja C1000 gegeben und eine weitere jeden Morgen bis heute. Seit gestern fühlt er sich unwohl. Die Wunde ist dicker geworden, was die Verantwortlichen ängstigt, aber der Homöopath meinte, es käme von der hohen Dosis und würde in einer Woche verschwinden. Der *Sarvadhikari* bat den englischen Schüler, der die Befürworter für die homöopathische Behandlung angeführt hat, fortan jeden Morgen beim Verbinden der Wunde zugegen zu sein.

12. Februar 1950

General Bhatia, der leitende Chirurg im Madras-Staat, der zu einer Inspektion nach Tiruvannamalai gekommen ist, kam auf Bitten eines Freundes gegen 10 Uhr in den Ashram und sah sich die Wunde an. Ihm gefiel die Schwellung nicht. Er empfahl Penizillin, von dem er sich eine Abschwellung erhoffte, falls es sich um eine Entzündung handelte. Er meinte: „Auf jeden Fall sollten wir wissen, was es ist." Dr. Shankar Rao, informierte den verantwortlichen Homöopathen über den Rat des Generals, aber letzterer ging nicht darauf ein und meinte, dass die Verschlimmerung vom Thuja C1000 kommen könne und man nicht eingreifen solle.

14. Februar 1950

Ein neues Geschwür ist genau unterhalb der Stelle, die am 19. Dezember operiert worden war, deutlich erkennbar. Der Homöopath diagnostiziert es weiterhin als eine Geschwulst aufgrund der hohen Dosis, die „bald abschwellen und völlig heilen wird". Der Homöopath wird am 16. Februar in die Berge gehen und es einem homöopathischen Freund überlassen, sich darum zu kümmern.

15. Februar 1950

Dr. Raghavachari kam vor dem Mittag und untersuchte das neue Geschwür sehr sorgfältig. Er erklärte, dass es sich erneut um ein Sarkom handelte. Der Schmerz ist sehr viel stärker geworden, sodass die kleinste Berührung der Hand den Maharshi zusammenzucken lässt.

Eine Besprechung der Ärzte, des *Sarvadhikari* und einiger Verehrer wurde anberaumt, bei der T.S.I. auf die Beurteilung des Chirurgen aufmerksam gemacht wurde. Obwohl T.S.I. nicht leugnete, dass das Geschwür wieder aufgetaucht war, wiederholte er, dass er an eine mögliche Heilung glaube, wenn man ihn mit seiner Homöopathie weitermachen ließe. Am Abend wurde eine zweite Besprechung abgehalten, die ebenfalls ergebnislos verlief.

17. Februar 1950

Bevor T.S.I. gestern ging, begann Herr R. Iyer, der nachfolgende Homöopath, mit seiner Behandlung mit einer Dosis von Silicia 30 einmal täglich.

25. Februar 1950

Gestern wurde die homöopathische Behandlung als ein Fehlschlag bezeichnet und völlig eingestellt. Herr Moos (ein Arzt der Unani-Medizin)[14], den man gerufen hat, war am 21. eingetroffen. Er übernahm sofort die Behandlung und begann mit einer äußerlichen Anwendung und dann mit einem Abführmittel. Dr. Shankar Rao blieb der behandelnde Arzt. Er erwies sich als äußerst kooperativ mit jeder medizinischen Richtung und jedem Arzt, den die Verantwortlichen des Ashrams bestellten. Er verrichtete seine Arbeit mit echter Demut, völliger Hingabe und in Stille.

27. Februar 1950

Der Tumor begann zu bluten, was Herr Moos seinen Medikamenten zuschreibt, „die das Krankhafte aus Bhagavans Körper herausspülen" sollen, um seine eigenen Worte zu gebrauchen.

6. März 1950

Sri Bhagavans Gesundheit verschlechtert sich zusehends.

14. März 1950

Der Tumor ist schnell gewachsen, und der Schmerz ist stärker geworden. Obwohl Herr Moos mit seiner Behandlung weitermacht, hat er sein Versagen zu heilen oder nur den Schmerz zu lindern zugegeben. Dr. Shankar Rao hat ein Schmerzmittel verabreicht. Der Bluttest von vor zwei Tagen zeigt, dass er nur 58% Hämoglobin hat und an großer Blutarmut leidet. Aber trotz allem bleibt Sri Bhagavans Gesicht hell, still und gelassen. Kein Seufzen, kein Anzeichen von Schmerz, kein Schatten von Angst oder Unruhe trübt seinen Gesichtsausdruck oder den Glanz seiner Augen. Er strahlt wie üblich Gelassenheit und Gnade aus. Selbst der Friede, der immer von ihm ausgegangen ist, ist weiterhin machtvoll spürbar. Ein Neuankömmling, der ihn ansieht, würde nicht vermuten, dass solch eine bösartige Krankheit in

---

[14] eine Behandlungsmethode, die aus dem persisch-arabischen Raum stammt

137

seinem gnadenvollen Körper tobt, die von Minute zu Minute sein Leben auslaugt.

17. März 1950

Am 15. März waren Dr. Raghavachari und zwei weitere Ärzte gekommen. Sie beurteilten Maharshis Zustand und schrieben einen Bericht, den die Verantwortlichen des Ashrams schnell im eisernen Safe einschlossen, was zur Annahme führte, dass er eine schlechte Prognose enthält. Seit einigen Tagen erscheinen Berichte über den schlechten Gesundheitszustand des Maharshi in der Madraser Presse, besonders in der englischen Tageszeitung „The Hindu".

Die Temperatur des Maharshi liegt seit einigen Tagen bei 37,8 C (normalerweise hat er etwa 36,4 C). Seine Systole liegt heute bei 98, der Puls ist beschleunigt, und das Herz schlägt schnell. Seine Knöchel sind geschwollen, und das Geschwür wird immer größer.

20. März 1950

Aufgrund der Berichte vom schlechten Gesundheitszustand des Maharshi im tamilischen Radio und in der Presse in Madras und Bombay kamen gestern viele ängstliche Besucher und Verehrer aus dem ganzen Süden. Es waren etwa tausend. Unter ihnen war Sir C.P. Ramaswamy Iyer, der frühere Dewan von Travancore, der für Sri Bhagavan eine Girlande von wundervollen Rosen trug, die so lang war wie ein Mensch.

Ein bengalischer Devotee überbrachte die gute Nachricht von seinem „kompetenten" Astrologen, dass Sri Maharshi „mindestens bis Juli 1953 leben würde oder sogar noch weitere zwölf Jahre", da seine Krankheit „kein bösartiger Tumor ist, sondern eine rheumatische Entzündung." (sic!) Er empfahl eine bestimmte Siddha-Arznei (*basmah*), die der Devotee sich von seinem eigenen Kaviraj (Siddha-Arzt, Ayurveda-Spezialist) in Kalkutta „in völlig reiner Form" hat besorgen können. Aber Herr Moos, der immer noch für den Fall verantwortlich ist, weigerte sich, sie anzuwenden, und schlug vor, weitere vier Tage abzuwarten. Dann könne der Kaviraj gerufen werden, um sie selbst anzuwenden, sollte die Gesundheit des Maharshi sich bis dahin nicht verbessert haben. Einige Schüler unterstützten die eine Seite, einige die andere, mit dem Ergebnis, dass das *basmah* nicht angewandt wurde.

Inzwischen kann man fast nichts mehr tun, und der Maharshi ist sehr schwach. Als er gestern ins Badezimmer ging, torkelte er und fiel. Seine Gehilfen, die sich seiner zunehmenden Schwäche nicht bewusst waren, verhielten sich wie zuvor und halfen ihm nicht beim Gehen. Glücklicherweise war es ein leichter Sturz, und er hatte keine Auswirkungen.

24. März 1950

Gestern Abend stieg die Temperatur des Maharshi plötzlich auf 38,7 C. Auch sein Puls war erhöht. Das Herzgeräusch war an der Brust zu hören, und die Wunde roch schlechter. Als er um 18.15 Uhr abends vom Badezimmer zurückkam, wurde er ohnmächtig und sank auf seinem Sofa zusammen. Dr. S. Rao und Herr Moos, die schnell gerufen wurden, gaben ihm etwas Kokoswasser und verordneten ihm völlige Ruhe. Nach fünfzehn Minuten hatte er sich erholt.

26. März 1950

Nach der *darshan*-Stunde am vergangenen Abend war es vor der Halle sehr lebhaft. Frau T., Frau M., Herr B., Herr S., Herr Balaram Reddy und ein paar andere berieten sich gemeinsam und in kleinen Gruppen. Sie eilten vierzig Minuten lang hin und her. Ich wusste, dass sich etwas zusammenbraute. Später erfuhr ich, dass sie um Erlaubnis gebeten hatten, den Kaviraj zu rufen, und dass sie erteilt worden war. Auf der Stelle wurde ihm ein Telegramm nach Kalkutta geschickt, er möge sofort herkommen. Die Behandlung von Herrn Moos wurde beendet.

27. März 1950

Der Maharshi leidet an beständiger Übelkeit und kann nicht einmal Wasser bei sich behalten. Er hat keinen Appetit und kann kaum Wasser lassen. Der Tumor ist jetzt so groß wie eine Kokosnuss.

29. März 1950

Der Kaviraj kam heute um 10 Uhr an und gab dem Maharshi eine erste, mit Milch verdünnte Dosis. Sri Maharshis ist so schwach, dass er seit vergangenem Abend draußen keinen *darshan* mehr gibt. Die Devotees können sich nun zweimal täglich in Reihen im Garten unterhalb des Durchgangs, wo einst sein Sofa während des *darshans* gestanden hat, aufstellen, um an seiner Tür vorbeizuziehen und sich zu verneigen. Die Systole fiel auf 88 und die Diastole auf 60. Der Kaviraj gab ihm oral zwei oder drei weitere Dosen während des Tags.

5. April 1950

Gestern nahm Herr Cartier-Brassen, der professionelle französische Fotograf, ein Foto von Sri Bhagavan auf, vielleicht das letzte von ihm.[15]

Seit etwa einer Woche ist seine Gesundheit mehr oder weniger unverändert. Seine Übelkeit und das wenige Urinieren sind vorbei, doch sein genereller Zustand hat sich nicht verbessert, was ihn immer noch daran hindert, für das *darshan* herauszukommen.

Gestern früh kamen seine Exzellenz, der Gouverneur von Madras, der Maharaja von Bhavanagar und seine Frau zu Sri Bhagavans *darshan* in den kleinen Raum. Dann beteten sie im Ashram-Tempel, fragten nach den zwei weißen Pfauen, die sie vor einigen Wochen als Geschenk mitgebracht hatten, und gingen.

18 Uhr. Sri Maharshi hat seit 24 Stunden kein Wasser mehr gelassen. Der Tumor wächst mit blumenkohlartigen Gewächsen. Der Kaviraj ist gestern zurück nach Kalkutta gefahren, nachdem er seine Anweisungen und Medikamente dem örtlichen Kaviraj, Dr. Parashurama Iyer, gegeben hat.

---

[15] Es war das letzte. (Anm. S.S. Cohen)

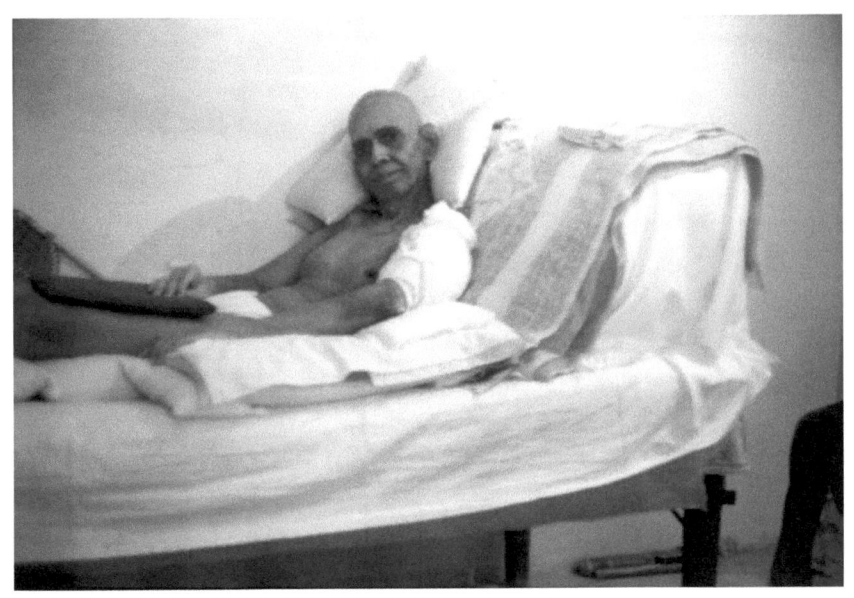

Es gibt eindeutige Symptome einer Sepsis. Den ganzen Tag über betrug die Menge seines Urins nicht mehr als 30 ml. Der Anteil seiner roten Blutkörperchen ist auf einem neuen Tiefstand, und was er isst, ist nicht der Rede wert.

Dr. Parashurama Iyer kam zu mir und sagte, dass er den *Sarvadhikari* gebeten habe, den Assistenten des Kavirajs aus Kalkutta zu rufen. „Denn ich bin nicht mit der Medikation einverstanden, die er mir dagelassen hat. Das Kupfer-*basma*, das ich ihm geben soll, ist meiner Meinung nach in Bhagavans gegenwärtigem Zustand viel zu stark. Ich habe ihm eine sehr kleine Dosis davon gegeben und wage nicht, ihm so viel zu geben, wie ich angewiesen wurde. Ich möchte die Folgen eines solch starken Medikaments nicht tragen, besonders da ich es nicht verschrieben und zubereitet habe. Der Fall ist hoffnungslos." Also sandten sie dem Kaviraj ein Telegramm, er möge einen kompetenten Mann schicken.

Dem Maharshi geht es etwas besser. Er ist heute weniger schläfrig und lässt von Zeit zu Zeit Urin. Er hat seinen Gehilfen befohlen, ihm nichts anzubieten, um was er nicht gebeten hat. „Wenn ich Wasser will, werde ich es sagen. Ihr braucht mich nicht daran zu erinnern." Sechsmal täglich wird ihm die Arznei des Kaviraj in flüssiger Form gegeben, was ihm lästig ist. „Was, schon wieder Medizin!", ruft er dann aus. Alle flüssige Arznei, die er nimmt, zieht er von der flüssigen Nahrung ab. Er kann nur noch flüssige Nahrung zu sich nehmen. Nicht dass er absichtlich die Behandlung der Ärzte sabotieren will, sondern es ist ihm einfach unmöglich, mehr einzunehmen. Wenn eine unvernünftige Person ihn dazu zwingt, mehr zu nehmen, verweigert er alles Essen und jede Arznei. Kein Mensch kann ihn davon wieder abbringen, bis er es will und wenn er spürt, dass die Strafe, die er durch seinen Widerstand bewirkt hat, dem Druck, der auf ihn ausgeübt wurde, entspricht. Die Ärzte argumentieren freundlich damit, dass nur durch mehr Trinken von Saft und Wasser gegen die geringe Urinmenge angegangen werden kann. „Und wenn ich nicht trinken kann?", antwortete er dann. Und damit war das Thema beendet. Er überlässt es seinem Körper, mit seiner Gesundheit oder Krankheit umzugehen, so gut er kann, ohne mit ihm im Geringsten zu kooperieren. Sein Geist ist immer in Glück versunken. Es stimmt, dass sein Körper leidet, aber das ist für ihn kein Grund, seinen Geist zu beunruhigen und ihm zu gefallen. Wenn er stirbt, ist es gut. Wenn er bleibt, umso schlimmer für ihn. Es ist Gottes Sache, ihn zu erhalten oder wegzunehmen und sich um alles zu kümmern. Es ist nicht seine Sache, sich einzumischen und sich durch ihn belästigt zu fühlen.

Die Systole fiel auf 78 und die Diastole auf 50.

8. April 1950

Vergangene Nacht war der Maharshi zu schwach, um ins Badezimmer zu gehen. Es wurde ihm ein Toilettenstuhl gebracht, den er benutzt. Seit drei Nächten leidet er an heftigen Kopfschmerzen, die die Helfer lindern, indem sie auf den Kopf drücken. Es heißt, er käme von dem unnormal niedrigen Blutdruck.

Nach dem Abend-*darshan* sind Angst und Sorge auf jedes Gesicht geschrieben. Der Maharshi ist völlig teilnahmslos, fast leblos und wird von Kopfweh, Schluckauf und völliger Erschöpfung geplagt. Heute kam der Sohn des Kaviraj an. Er sieht sehr jung aus, ungeschlacht und völlig inkompetent, um sich mit einem so ernsthaften Fall wie diesem zu befassen.

Um 19 Uhr gab er Sri Maharshi Medizin, aber um 20:30 Uhr berichtete Dr. Shankar Rao von starkem Kopfschmerz, einem Puls von 100, Systole 76. Es wurde eine Besprechung zwischen den Ärzten und dem neuen Kaviraj, Sri Omandarur (dem Premierminister von Madras), einem Devotee, der Bankmanager ist, und ein oder zwei anderen Devotees abgehalten. Ich habe folgendes Gespräch gehört:

Omandurar: „Ja, macht etwas, aber gebt ihm nichts zum Einnehmen. Ich weiß es nicht. Ich bin kein Arzt, aber gebt ihm keine Medizin zum Einnehmen."

Bank-Manager: „Lasst den Kaviraj mit seiner Zubereitung weitermachen und abwarten."

Dr. S. Rao (besorgt): „Nun gut, soll der Kaviraj eine äußerliche Anwendung machen."

Kaviraj: „Es wird eine Stunde dauern, um sie zuzubereiten. Wenn ihr in der Zwischenzeit etwas habt, was ihr ihm geben könnt, dann tut es."

Bank-Manager: „Ja, während er es zubereitet, kannst du, Doktor, ihm etwas geben, wenn du etwas hast."

Dr. S. Rao (nachdenklich): „Nein. Er soll die Paste für die äußerliche Anwendung zubereiten." Dann ging er.

Die Devotees hatten die Vorahnung, dass heute Nacht für Sri Bhagavan eine extreme Krise bevorsteht. Sie kamen, einer nach dem anderen, Männer und Frauen, etwa siebzig von ihnen, ließen sich in völligem Schweigen und in tiefster Dunkelheit auf der östlichen Veranda der Halle nieder und hörten auf den Schluckauf des Maharshi und sein Flüstern mit den Gehilfen.

Gegen 22:30 Uhr kam der *Sarvadhikari* aus seinem Büro. Als er die schattenhafte Versammlung sah, vermutete er, dass auch Frauen darunter waren.

Er erhob seine Stimme in ihre Richtung und sagte: „Jetzt steht alle auf und geht bitte nach Hause." Nach einigem Zögern standen alle auf, und die Versammlung löste sich schweigend auf.

10. April 1950

Bei einer Besprechung heute früh um 3:30 Uhr wurde beschlossen, den Kaviraj zu entlassen und zur Allopathie zurückzukehren. Die Ärzte in Madras wurden benachrichtigt, sofort mit ihren Herzspezialisten zu kommen.

Sri Maharshi ist heute so schwach, dass er nicht einmal die drei Schritte zum Toilettenstuhl im Zimmer bewältigt, und auch die Bettpfanne kann er nicht benutzen. Er sagte zu seinen Gehilfen: „Ich möchte nichts mehr essen oder trinken, damit ich den Toilettenstuhl nicht benutzen muss. Wenn ich nur ein wenig Nahrung zu mir nehme, dann wird es innerlich verwertet, und ich muss nicht immer wieder aufstehen. Wenn ich mehr als 60 ml zu mir nehme, fühle ich mich, als hätte ich eine große Mahlzeit zu mir genommen. Ich kann keine Bettpfanne benützen."

Sein Bewusstsein ist nicht beeinträchtigt. *Darshan* wurde heute früh nicht erlaubt. Als der Maharshi es um 9 Uhr bemerkte, fragte er, warum die Vorhänge nicht hochgerollt waren, damit die Leute ihn sehen konnten, aber er verfolgte die Sache nicht weiter. Später erfuhr ich, dass er die Verantwortlichen zur Rede gestellt hatte, da sie die Devotees enttäuscht hatten, die zum *darshan* gekommen waren. Daraus folgte, dass am Abend wie gewöhnlich von 17 bis 18 Uhr *darshan* für die mindestens tausend Devotees, die sich versammelt hatten, erlaubt wurde.

Viele Schüler sind schon wochenlang hier und weg von zuhause, da sie wissen, dass es ihre letzte Gelegenheit ist, in der Gesellschaft ihres geliebten Meisters zu sein. Die *darshan*-Reihen, eine für Frauen und eine für Männer, mussten von Dutzenden von Freiwilligen des Ashrams kontrolliert werden. Sie hielten die Devotees in Bewegung, damit jeder in der vorgeschriebenen Zeit die Chance erhielt, einen Blick auf den Maharshi zu erhaschen und sich kurz zu verbeugen. Ich zählte an diesem Abend 17 bis 20 Personen pro Minute, die an seiner Tür vorbeikamen.

144

Der *darshan* ist zweifellos für den Maharshi eine große Anstrengung, der in seinem unendlichen Mitleid sein Gesicht während der ganzen Zeit ständig den Devotees zuwandte. Sein Sofa steht in ostwestlicher Richtung und die Tür, durch die er die Devotees anschaut, im Süden. Eine volle Stunde lang wandte er seinen Kopf in diese Richtung und belastete seinen Nacken. In seinem jetzigen Gesundheitszustand muss die Anstrengung für ihn gewaltig gewesen sein. Trotzdem weigert er sich, den *darshan* zu beenden oder ihn auf einmal täglich zu beschränken.

Seine Nahrung bestand heute aus etwas Fruchtsaft, Tomatensaft und Kokoswasser mit Traubenzucker.

12. April 1950

10:30 Uhr. Es sieht danach aus, dass wir am Abend des Weltuntergangs stehen, am Abend eines Tages, an dem uns alles, was wir für so wertvoll halten, um dafür zu leben, genommen wird: unsere Zuflucht, unsere Hoffnungen, unser größter Schatz – das wertvolle Leben des Meisters.

Heute liegt er in voller Länge auf dem Sofa, hohläugig, hohlwangig, blass, mit wächserner Haut und ohne Lebenskraft. Drei Gehilfen massieren seine Beine. Die obere Hälfte seines Körpers ist äußerst empfindlich und kann nicht berührt werden, ohne dass er große Schmerzen hat. Während der halben Stunde *darshan* um 9 Uhr konnte er nur manchmal sein Gesicht den Devotees zuwenden, doch meistens ist er teilnahmslos. Die Ärzte haben damit aufgehört, ihn zu untersuchen, und jeden Zugang zu seinem Raum streng untersagt.

Jeder hat die Hoffnung aufgegeben, außer die Anhänger der Astrologie, die ihre Hoffnung auf Scharlatanerie setzen wie Karten, Diagramme und Vorhersagen. Die beiden Hauptverantwortlichen streiten weiterhin mit den Ärzten und glauben, dass der Maharshi immer noch zu heilen sei, wenn der junge Kaviraj, der immer noch dabehalten wurde, ihn behandeln dürfe – ein Vorschlag, dem die Ärzte mit Recht mit Verachtung begegnen. Diese beiden eigensinnigen Verantwortlichen hätten den Rat der Ärzte missachtet und den Maharshi weiterhin mit wirkungslosen Tabletten drangsaliert, die er nicht mehr schlucken konnte, aber aus einflussreichen Kreisen erhob sich ein überwältigender Widerstand gegen ihre Dummheit.

Frauen weinen, Männer sind entmutigt und brüten schweigend vor sich hin, denn alle spüren, dass es der letzte Tag ist. Der Maharshi ist immer noch bei Bewusstsein und spricht manchmal. Aber bis zuletzt bittet er um nichts, äußert keine Meinung, was für ihn getan oder nicht getan werden soll, klagt nicht über Schmerzen, außer wenn man ihn hochhebt oder an der schmerzvollen Stelle berührt. Dann, und nur dann bemerkt er, als wolle er informieren: „Es gibt keine Stelle, die auf Berührung nicht schmerzhaft reagiert." Die Gehilfen nehmen den Hinweis an und sind sorgsamer mit ihm, besonders heute, da der Schmerz so heftig ist.

In der Regel legt sich der Maharshi nie hin, wenn er *darshan* gibt, wie krank er auch sein mag. An beiden großen Operationstagen im vergangenen August und Dezember lehnte er an seine Kissen, aber heute liegt er aufgrund seiner großen Schwäche voll ausgesteckt da.

Um 20 Uhr beträgt die Temperatur des Maharshi 35,5 C. Der Puls geht schnell und ist schwach, der Blutdruck liegt bei 68/36. Sein Kopf ist schwer und schmerzt. In den Beinen und Oberschenkel hat er große Schmerzen. Als man ihm am Morgen *kanji* (Haferbrei) anbot, meinte er: „Wozu *kanji*? Gebt mir Buttermilch." Das taten sie am Morgen und am Abend. Er hat auch immer wieder etwas Wasser getrunken.

Seit einigen Tagen sagt er, dass die Diät seinen Appetit verdorben und seine Verdauung durcheinandergebracht habe. Es hatte mit dem Homöopathen angefangen, der gedankenlos dies und das und andere Lebensmittel, an die er gewöhnt gewesen war, eingeschränkt und gegen andere ausgetauscht hatte – ein vergeblicher Wahn. Dann kam Herr Moos, der nicht nur noch mehr Einschränkungen anordnete, sondern auch Medikamente gab, die den Appetit nicht fördern. Dann folgte der Kaviraj mit einer noch strengeren Diät und noch stärkeren Medikamenten, was sich oft wiederholte. Sri Bhagavan meinte heute: „Ich habe von Anfang an gesagt, dass das alles nicht notwendig ist, aber wer hört auf mich? Jetzt ist mein Magen so verstimmt, dass er nichts mehr behalten kann. Und ich habe keinen Appetit mehr. Mein Geschmack ist verdorben, meine Zunge schmeckt nichts mehr, und ich werde gezwungen zu essen und zu trinken. Wie kann ich das?"

Heute früh ging ein Verwandter zu ihm hinein. Trotz seiner Krankheit erinnerte sich Sri Bhagavan, dass es der Todestag des Vaters des Verwandten war, und er fragte ihn: „Hast du heute die *shraddha*-Zeremonie ausgeführt? Haben diese und jene Personen (er nannte sie beim Namen) daran teilgenommen?" Das zeigte, dass er nicht nur geistig klar war, sondern auch eine sehr deutliche Erinnerung hatte. Als nach dem Essen einer der Gehilfen seinen Dienst bei Bhagavan aufnahm, fragte er ihn: „Hast du gegessen?"

Das abendliche *darshan* dauerte eine halbe Stunde mit etwa 30 Personen pro Minute. Es stellte sich dieselbe Niedergeschlagenheit und Angst ein wie am Morgen. Dr. Shankar Rao sagte später zu mir: „Wir müssen diese Nacht nicht um Bhagavans Körper fürchten, denn er zeigt nicht dieselben Symptome wie andere unter diesen Umständen. Wenn wir ihn aufgeben, lebt er trotzdem weiter. Kein Mensch mit einem Blutdruck unter 80/50 kann noch lang leben, aber Sri Bhagavans Körper hat seit mehr als zehn Tagen weniger als 80. Heute hat er 68/36. Das ist ungewöhnlich. Deshalb können wir nichts sagen."

Um 22:15 Uhr war das Kopfweh sehr stark. Die Gehilfen pressten und massierten heftig den Kopf und die Beine.

13. April 1950

Es ist 2 Uhr nachts im tamilischen Neujahr. Am Morgen hatte Maharshi 46 Diastole, aber die Systole blieb gleichbleibend bei 68, Temperatur 37 Grad, Puls 98,4 (normal! Was für eine Ironie!), 22 Atemzüge pro Minute.

Der morgendliche *darshan* dauerte eine halbe Stunde, während der die Augen des Maharshi geschlossen blieben. Wenn er sie gelegentlich öffnete, sah er eher vor sich hin als nach links, wo die Devotees an ihm vorbeizogen. Seine Nahrung besteht jetzt nur noch aus Buttermilch.

22 Uhr. Da der Andrang der Besucher aus dem ganzen Süden sehr groß war, fast 1.500, wurde der Abend-*darshan* auf 45 Minuten verlängert. Viele Devotees blieben bis spät am Abend, um den letzten Bericht seines Zustands zu hören. Um 21:30 Uhr kam Dr. Krishnamurti, ein örtlicher Arzt und ein großer Devotee, zu mir und sagte: „Ich habe den Eindruck, dass keine unmittelbare Gefahr besteht. Bhagavan hat soeben den Gehilfen befohlen,

schlafen zu gehen. Auch er würde schlafen. Sein Atem ist nicht angestrengt, und er ringt nicht nach Luft."

Freitag, 14. April 1950

Der Maharshi ist in einem sehr bedenklichen Zustand. Die Devotees verbrachten den ganzen Vormittag in bedrückter Stimmung und mit angehaltenem Atem. Nach dem Abend-*darshan* ist die einstimmige Meinung, dass es definitiv der letzte *darshan* war. Der Meister wird von großen Kissen in einer fast sitzenden Position gestützt. Seinen Kopf hat er zurückgelehnt, und der Mund steht offen. Zwei Gehilfen fächeln ihm lebhaft Luft zu, um ihm ein freies Atmen zu ermöglichen. Der Kampf um Luft hat eingesetzt. Um 19 Uhr wurde ihm etwa fünf Minuten lang Sauerstoff zugeführt, aber als er spürte, dass es ihm keine Erleichterung brachte, bat er schwach, damit aufzuhören.

Die Lage war angespannt. Etwa 500 Devotees standen draußen mit der traurigen Erwartung auf den letzten feierlichen Moment. Blutsverwandte, Ashram-Arbeiter, einige alte Schüler und einige neue gingen nacheinander zu ihm, um einen letzten Blick auf ihn zu werfen.

Als man wusste, dass das Ende nahte, begann die ganze Versammlung einstimmig das Tamillied, das er vor vielen Jahren zum Lob des Herrn Arunachala gedichtet hatte, zu singen: „Arunachala Shiva, Arunachala Shiva, Arunachala!", bis es 20:47 Uhr war. Viele Devotees schlugen sich in ihrem Kummer an die Brust, verloren die Kontrolle über ihre Gefühle und strömten in Massen zu dem kleinen Raum, wo der heilige Körper lag. Aber die Polizisten riegelten den Bereich sofort ab, bis der Leichnam nach draußen gebracht und inmitten der großen *darshan*-Halle in Yoga-Stellung hingesetzt wurde, damit alle Leute ihm die letzte Ehre erweisen konnten.

Die Neuigkeit verbreitete sich wie ein Lauffeuer in der Stadt und den Nachbardörfern und zog große Menschenmengen an. Um 21:15 Uhr war die Menge so dicht, dass man es ihnen allen ermöglichen musste, dem Leichnam auf geordnete Weise die letzte Ehre zu erweisen und an ihm vorbeizuziehen. So wurde eine Schlange gebildet – sieben bis zehn Personen breit, die schnell an ihm vorbeischritten. Jetzt, um 23:55 Uhr, dauert das noch unablässig an.

Dutzende seiner Schüler saßen um das Sofa herum. Einige sangen die Verse des Maharshi und andere fromme Lieder, andere verharrten in stiller Betrachtung. Der Leichnam ist nun von einer Sandelholz-Paste und Jasminblüten bedeckt, und Räucherwerk brennt neben ihm.

Gegen 21 Uhr erzählte der französische Fotograf Cartier-Brassen, der seit etwa zwei Wochen mit seiner Frau hier ist, mir von seinem Erlebnis. „Es war ein sehr erstaunlicher Vorfall", sagte er. „Ich war draußen vor meinem Haus, als meine Freunde meine Aufmerksamkeit auf den Himmel richteten, wo ich eine helle Sternschnuppe mit einem leuchtenden Schweif sah. Er glich nicht einer der Sternschnuppen, die ich jemals gesehen habe. Sie kam von Süden, bewegte sich langsam über den Himmel und erreichte den Gipfel des Arunachala, hinter dem sie verschwand. Da sie so einzigartig war, vermuteten wir alle, was sie bedeutete, und sahen sofort auf unsere Uhren. Es war 20:47 Uhr. Dann rannten wir zum Ashram, wo wir unsere traurige Vorahnung bestätigt bekamen. Der Meister ist genau in dieser Minute in *Mahanirvana* eingegangen." Mehrere andere Devotees im Ashram und in der Stadt erzählten mir später, dass auch sie den verräterischen Meteor gesehen hatten.

15. April 1950

Viele Devotees hielten die ganze letzte Nacht neben dem heiligen Leichnam Wache. Einige erhaschten einige Stunden Schlaf und kamen am frühen Morgen wieder. Das Singen und Rezitieren der Veden dauerte an wie auch die Schlange Verehrer, bis um 11:30 Uhr der Leichnam für die *puja* und das *abhishekam* auf die südliche Veranda gebracht wurde. Der *Sarvadhikari* Sri Niranjanananda mit Assistenz seines Sohnes Sri T.N. Venkataraman schüttete über das heilige Haupt dutzende von Gefäßen mit Milch, Quark, Buttermilch, Orangensaft, zerstampften Bananen und Jackfrüchten, Kokoswasser und anderes, gefolgt von vielen Flaschen Rosenwasser, Attar, Parfüm jeder Art und süß duftendem Öl. Dann wurden riesige Girlanden aus frischen Rosen und Jasmin um seinen Hals gelegt und die Blüten über seinen Körper verstreut.

In zwei Metern Tiefe wurde eine 3 x 3 Meter große *Samadhi*-Grube ausgehoben. In ihrer Mitte grenzte der Maurer einen kleinen Bereich von 1,40 x

1,40 Metern ab und umgab ihn mit einer Granitmauer, Lehm und Zement. Der übrige Bereich wurde mit vielen Wagenladungen Sand aufgefüllt, der vom heiligen Ganges aus den Narbada-Tälern stammen soll.

Um 18:30 Uhr wurde der Körper, der bis jetzt von mindestens 40.000 Personen verehrt worden war, in einer dekorierten Sänfte der Tempelgottheit zum *Samadhi* gebracht. Dort wurde er in derselben Yoga-Stellung in einen Beutel aus feinstem Khaddar gesetzt, der dann mir reinem Kampfer gefüllt und in den kleinen Bereich hinabgelassen wurde. Dann wurde die Grube bis oben hin mit Kampfer, Salz und heiliger Asche gefüllt, um den Körper vor Würmern und einem schnellen Zerfall zu bewahren, und zugemauert. Die Menschenmenge war so groß, dass zwanzig Polizisten kaum ausreichten, um sie zu kontrollieren.

Herr Kaikobad, ein parsischer Verehrer des Maharshi, war vergangene Nacht zufällig auf der Terrasse seines Hauses in Madras gewesen, als er den Meteor sah, von dem Herr Cartier-Brassen und andere vergangene Nacht berichtet haben. Er brachte ihn intuitiv mit dem *Mahanirvana* des Meisters in Verbindung, rief sofort ein Taxi und kam schnell hierher, ohne auf den Morgen zu warten.

Fräulein H.P. Petit, die über tausend Meilen entfernt auf ihrem Balkon in ihrem Haus in Bombay saß, sah ebenfalls die Sternschnuppe in der schicksalshaften Minute. Sie vermutete sofort, was sie bedeutete, und schrieb an einen ihrer Freunde in Benares, dass der Maharshi gestorben sei.

16. April 1950

Alle englischen und tamilischen Zeitungen, die heute Morgen aus Madras kamen, gaben den Tod des Maharshi als Schlagzeile bekannt. Sie schrieben auch von dem Meteor, der um 20:47 Uhr in der Nacht des 14. April hunderte und tausende von Meilen entfernt an verschiedenen Orten im ganzen Bezirk von Madras von vielen Menschen am Himmel gesehen worden war, die es der Presse berichtet hatten. Diese Augenzeugen waren von seinem besonderen Aussehen und Verhalten betroffen, weshalb sie das seltsame Phänomen dem Tod einer großen spirituellen Seele zuschrieben. So viel Evidenz spricht für sich, wenn sie noch nötig sein sollte.

TEIL IV: LETZTE ERINNERUNGEN AN RAMANA MAHARSHI

VORWORT

Diese wenigen Seiten sind die letzten Erinnerungen des Verfassers an seinen Kontakt mit seinem göttlichen Guru Sri Ramana Maharshi, die er sich bewahrt hat, nachdem Sri Ramana vor mehr als 25 Jahren ins *Mahanirvana* eingegangen ist. Der scharfsinnige Leser wird sich nicht darüber wundern, wie wenige es sind, sondern eher erstaunt über die Menge sein, wenn er das beachtliche Alter des Verfassers von 80 Jahren in Betracht zieht. Es ist eine lange Zeit vergangen, seit sich diese Erinnerungen in sein Gedächtnis eingeprägt haben und jetzt, da er darum gebeten wurde, sie aufzuschreiben.

Der größte Teil davon ist reine Erinnerung, und der kleine Teil mit Daten und Namen sind Auszüge aus den Tagebüchern des Verfassers, die in nicht weniger als vierundzwanzig Tagebüchern verteilt sind, abgesehen von den beiden besonderen, die als Quelle für sein erstes Buch ‚Guru Ramana', dienten.

August 1975, Sri Ramanasramam, Tiruvannamalai

S.S. Cohen

Am zweiten oder dritten Tag nach meiner Ankunft im Sri Ramanashram in Tiruvannamalai im Februar 1936 besuchte ich den einzigen ausländischen Bewohner an diesem Ort. Als ich noch auf der Schwelle seiner vorläufigen Unterkunft stand, sprach ich laut mit einem großen, schwerfälligen Herrn, der am Tisch saß und schrieb. „Guten Morgen, Herr Brunton", sagte ich. „Ich möchte Ihnen von Herrn A. Bose Grüße überbringen." Mit dröhnender Stimme antwortete er, dass er nicht Herr Brunton, sondern Major Chadwick sei, dass ich aber trotzdem hereinkommen dürfe. Er wies auf einen Stuhl und drehte sich mit seinem Stuhl um, um mich anzusehen. Ich trat ein und erzählte ihm geradewegs, dass ich für etwa eine Woche gekommen sei, um die Lehre des Maharshi zu studieren, und wenn ich sie so hirnlastig wie die westliche Philosophie fände, die aus reiner Theorie und keinem Gramm Erfahrung besteht, dann würde ich wieder gehen. Major Chadwick antwortete: „Der Maharshi ist völlig anders. Wenn er nicht reine Erfahrung und Übung ist, dann ist er nichts. Ich habe gehört, dass Brunton in ein oder zwei Tagen erwartet wird."

Einige Tage später saß ich fast allein in der Halle, nachdem der Maharshi vom Frühstück zurückgekehrt war. Er sah ein Buch mit einem Ledereinband neben mir liegen und fragte: „Was ist das für ein Buch?" Vermutlich hielt er es für ein Handbuch. Ich sagte, dass es sich um ein Notizbuch handelte. Er kicherte und sagte zum Übersetzer: „Vellai Karan (der weiße Mann) geht nirgends ohne ein Notizbuch hin." Dies ermutigte mich, das Thema Sexualität anzusprechen. Ich sagte: „Vergangene Nacht führte ich mit Herrn Brunton eine hitzige Diskussion über das Thema Sexualität und Ehe. Ich bin mit der lockeren Art, wie der Westen es handhabt, nicht einverstanden, besonders da es dem spirituellen Leben schadet. Was denkt der Maharshi darüber?" Der Maharshi schwieg kurz und meinte dann: „Soweit es das *sadhana* betrifft, bedeutet Ehelosigkeit (*Brahmacharya*), in *Brahman*, der absoluten Wirklichkeit, zu sein." Er überließ es mir, wie ich das auffasste.

Natürlich verbrachte ich von Anfang an fast meine ganze Zeit in der Halle und studierte jedes Buch über die Lehre des Maharshi, das mir in die Finger kam. Je mehr ich von ihm und seiner Lehre las, desto besser verstand ich ihn.

Etwa drei Monate vergingen, und ich hielt mich weiterhin in der Halle auf, sooft Bhagavan da war. Das Singen des Veda *Parayanam* klang mir allmählich unangenehm in den Ohren. Eines Tages schubste ich Brunton neben mir und flüsterte, dass die Rezitation des Veda meinen spirituellen Fortschritt nicht fördere, sondern behindere, wenn es überhaupt so etwas wie einen Fortschritt gäbe. Er gab mir zu verstehen, ich solle mit Bhagavan darüber reden.

Als ich später mit Bhagavan darüber sprach, schwieg er, als hätte er mich nicht gehört. Aber als ich wie üblich früh am nächsten Morgen in die Halle kam, stand er mir zur Verfügung. Denn sobald ich mich niedergesetzt hatte, wandte er sich an den Übersetzer, der immer zur Meditationszeit hier war, und bat ihn, mich zu fragen, warum ich das Veda *Parayanam* nicht mochte. Ich antwortete, dass es nicht melodiös gesungen wurde, was eher Trockenheit im Herzen bewirke als *bhakti*, und dass die Veda-Jungen anscheinend nicht wussten, was sie rezitierten. Bhagavan lachte und sagte, das sei so, weil ich nicht daran gewöhnt sei. „Du siehst ja, wie die Halle sich am Abend füllt. Das beweist, dass die Leute es mögen. Wenn du dich daran gewöhnst und seinen Sinn verstehst, wirst du es auch mögen."

Er war kaum mit seiner Erklärung fertig, als eine verärgerte Frau aus Andrah Pradesh hereinkam. Sie verneigte sich vor Bhagavan und schrie: „Gib mir meinen Mann zurück! Du hast ihn mir genommen und musst ihn mir zurückgeben! Ich bin am Verhungern, und er hat keine Arbeit. Die Schule, in der er arbeitet, will ihn nicht mehr beschäftigen. Er ist hierhergekommen, ohne Urlaub zu nehmen. Die ersten beiden Male wurde ihm seine Eskapade noch verziehen, aber sie können ihm nicht beständig uneingeschränkte Freiheit erlauben. Bitte sorge dafür, dass er wieder ein normales Leben als Ehemann und verantwortlicher Mann führt!"

Der betreffende Mann kauerte am nördlichen Fenster und lachte leise. Bhagavan sagte zu der Frau, dass er nichts mit dem Verhalten ihres Ehemanns zu tun habe. „Diese Halle ist tags und nachts offen. Jeder kann kommen und gehen. Dort steht dein Mann. Er soll sagen, ob ich ihn jemals gebeten habe zu kommen oder zu gehen." Der Mann begann plötzlich zu schreien: „Wer hat mich denn dazu veranlasst herzukommen, wenn nicht du? Nachdem ich Sri Aurobindos *darshan* erhalten hatte, wollte ich den Zug nach Andhra nehmen, aber als ich in Villupuram ankam, weigerten sich meine Füße, in den Zug nach Andhra zu steigen, und ich nahm den Zug hierher. Wer außer Bhagavan hat das getan? Ich bin bereit, nach Hause zurückzukehren, wenn Bhagavan mich entlässt." Bhagavan war sprachlos über die Frechheit dieses Mannes. In Wahrheit hatte Bhagavan nichts damit zu tun, und er sagte dem Mann, dass die Geschichte seiner eigenen Einbildung entstamme. Es sei eine Selbsttäuschung, nicht die Wahrheit, und er könne gerne mit seiner Frau nach Hause zurückkehren.

Der Mann antwortete, dass er nach zwei oder drei Tagen zurückkehren würde, aber nicht jetzt. „Soll sie gehen. Ich komme nach." Die Frau sagte, dass sie nach Hause gehen würde, und schoss aus der Halle, um sich mit ihrem Mann draußen kurz zu unterhalten. Offensichtlich hat sie Tiruvannamalai noch am selben Tag verlassen, denn wir sahen sie an diesem Tag und am folgenden nicht wieder. Doch wir sahen ihn noch oft während der dreizehn oder vierzehn Jahre, in denen Bhagavan noch lebte.

Bei unserem Spaziergang nach dem Abendessen meinte Brunton, ich solle mir nicht zu schnell über den Einfluss des Maharshi und seine Lehre ein Urteil bilden. Die Antwort, die der Maharshi mir am Morgen über das Veda *Parayanam* gegeben habe, bedeute eindeutig, dass ich warten solle. Also wartete ich.

Die Zeit verging, und ich hatte mich in dem stillen Leben des Ashrams in meiner neuen Lehmhütte in Palakothu niedergelassen. Vier, fünf, sechs Monate waren seit meiner Ankunft vergangen. Ich wartete, bemerkte aber allmählich eine Veränderung in meinem Geist, etwas, was ich zuvor nicht empfunden hatte. Es war eine besondere, langsame, aber sehr subtile Bewegung in meinem Bewusstsein, und ich fragte mich, was es sein könnte und ob der Maharshi es auch bemerkte. Da er mich immer aus der Nähe am Fußende seiner Couch sah, dachte ich, es müsse für ihn leichter sein, es zu erahnen, als wenn ich weiter von ihm weg wäre. Offensichtlich lauerte die Vorstellung, dass der Guru immer seine Schüler beobachtet, beständig in meinem Kopf. Aber tatsächlich tat Bhagavan nichts dergleichen, wie ich später entdeckte. Er war höchste inkarnierte Anhaftungslosigkeit. Doch falls er etwas wusste, gab er es durch nichts zu erkennen. Ich brauchte mehrere Jahre seiner Nähe und Erfahrung mit ihm, um den Grund dafür zu entdecken. Jetzt erscheint es mir als Häresie, dass ich Bhagavan einer solchen Tat bezichtigt habe.

Die strikte Distanziertheit des Maharshi, die mir anfangs als reine Gefühllosigkeit erschienen war, widerspricht der traditionellen Sichtweise, dass die Gurus sich um den spirituellen Fortschritt ihrer Schüler kümmern. Über die Jahre stellte sie sich jedoch als mächtiger in ihrer Wirkung der Reinigung, Besserung, Führung und Reifung des Bewusstseins der Schüler heraus als die bewusste Einmischung des Gurus. Ohne diese Distanziertheit ist der Guru gebunden, wird parteiisch und macht Unterschiede, was für die Absicht zu helfen fatal ist, da das die besonders konzentrierte Kraft in ihm, die dazu nötig ist, auflöst.

Entsagung oder Hingabe sind die Ecksteine von *sadhana*, die direkt zu *mukti* führen, und durch den Maharshi waren sie vollständig. Zweifelsohne gab es immer einige verblendete Devotees, die versuchten, sich bei ihm im Ashram beliebt zu machen, nicht weniger als das in anderen Ashrams vorkommt, aber Bhagavan wich nie von der Unparteilichkeit in seiner spirituellen Einstellung ihnen gegenüber ab, was in ihrem eigenen Interesse war und zu ihrem eigenen Wohl geschah.

Spirituelle Fragen beantwortete er immer, versuchte aber nie bewusst in all den vierzehn Jahren, in denen ich Kontakt mit ihm hatte, jemandem bewusst die Selbstverwirklichung zu geben, weder durch Berührung, geistige Übertragung noch durch irgendein anderes Mittel. Unbewusste *siddhis*, die göttlichen Kräfte, die dem Selbst innewohnen, folgen dem *Jnani*-Guru wie sein Schatten und bewirken zur rechten Zeit die geheimnisvolle Transformation im Bewusstsein der Schüler, ohne dass der *Jnani* sie hervorruft. Ich spreche nicht von den bewussten *siddhis*, die von den Hellsehern, Hellhörern, Okkultisten, Eingeweihten und ihrer Bruderschaft beansprucht werden, denn ich weiß nichts über sie. Die unbewussten *siddhis* sind dagegen göttliche Kräfte, die dem selbstverwirklichten Menschen, der sich völlig Gott oder der absoluten Wirklichkeit unterworfen hat, anhaften und die unaufgefordert arbeiten, ohne dass der *Jnani* sie herbeiruft. Der *Jnani* ist bereits seinen persönlichen Willen losgeworden und hat ihn mit dem göttlichen Willen verschmolzen, der fortan alleine bis zum Lebensende des Körpers des *Jnani* wirkt.

Um zu meinem Geisteszustand nach fünf oder sechs Monaten zurückzukommen und der Veränderung, die ich beobachtete: Es war wie das Erwachen aus einem Traum. Die hektische Geschäftigkeit und materialistische

Gesinnung der Mehrheit der Menschen, die sie einander und sich selbst gegenüber zeigen, kamen mir wie ein verwirrender Traum vor, dem es an Vernunft und einer ausgewogenen Beurteilung fehlt. Ich begann in den folgenden Monaten eine völlig neue Denkweise an mir zu bemerken, sozusagen eine gelegentliche „Ablösung" der Wolken, die immer schwer auf meinem Geist und Herzen gelegen hatten. In anderen Worten: Das Leben war weniger düster und heller als zuvor. Ich „sah Licht", wie man sagt, was nur das Ergebnis meines *sadhanas* sein konnte. Es war die Richtung, wie ich dachte, in die die Lehre und Gegenwart des Maharshi mich führten. Ich hatte flüchtige Blicke der Seligkeit, von der es heißt, dass sie das Wesen des Selbst ist, und ich dachte, dass ich sicherlich darauf zuging. Meine Freude über diese Entdeckung kann man sich vorstellen. Das Empfinden des neuen Zustands war überwältigende Seligkeit, eine Gnade, die Bhagavan so frei an alle um ihn herum verteilte, besonders an jene, die durch ihre Übung empfänglich geworden waren, und das ohne Absicht.

Die Frage, ob ich bleiben oder gehen sollte, war damit beantwortet. Ich blieb und machte mir das Ziel meines künftigen Lebens klar, ohne es zu planen und trotz meiner selbst sozusagen. Der Würfel war gefallen, wie man sagt, und das kann nicht mehr rückgängig gemacht werden. Ich würde nicht wieder ein Teil einer Welt sein, die sich im schmutzigen Irrsinn suhlt, den funkelnden Vergnügen des Lebens nachläuft, was selbst Leute tun, die gesund und wohlhabend sind. War dies ein Zeichen dafür, dass das Ego verschwand, was ernsthaften Suchern als Lohn für ihre anstrengenden Bemühungen versprochen wird? Das erschien mir mehr als wahrscheinlich, aber es gab ja Bhagavan, der die Richtigkeit unserer Erfahrungen bestätigen oder widerlegen konnte.

Eines Tages bekam ich meine Gelegenheit dazu, und ich erzählte ihm, dass ich es immer so verstanden habe, dass sich die Verwirklichung plötzlich einstellt. Er antwortete, dass man nicht vergessen dürfe, dass vor der Plötzlichkeit Reife nötig sei, die ein langsamer Prozess sei wie das Reifen eines Apfels auf einem Baum. Somit wurde mir klar, dass es dieser Prozess war, dessen ich mir plötzlich bewusst wurde. Das war alles.

Einmal hörte ich, wie jemand zu Bhagavan sagte: "Frau Besant übersetzt *Nirvana* mit ‚ausgeblasen' oder ‚weggeblasen'. Sie scheint mit dem Wort etwas anderes zu meinen als Buddha. Wie würde Bhagavan es übersetzen?"

Bhagavan erwiderte: „Eine wörtliche Übersetzung ist nicht so wichtig, sondern die Bedeutung. Frau Besant meint vermutlich *shunya*, was richtig ist. Leere ist der reine *Nirvana*-Zustand des Selbst oder *turiya*, in dem kein Objekt beobachtet wird. In diesem Zustand gibt es nur das Subjekt, das sich keines Gegenstandes gewahr ist außer seiner selbst als reines Bewusstsein – *chit*. Auch ‚ausgeblasen‘ enthält diese Bedeutung von Leere in diesem Zustand. Es ist wie der Tiefschlaf im Wachzustand (*sushupti* in *jagrat*). *Nirvana* kann nichts anderes bedeuten."

Aber der kühne Frager bestand darauf, Buddha habe etwas anderes als „weggeblasen" damit gemeint. Er sagte: „Ich glaube nicht, dass Frau Besant eine Ahnung davon hatte, dass *turiya* und *shunya* oder *shunya* und Bewusstsein (*chit*) dasselbe bedeuten. Im Hinayana Buddhismus bedeutet Bewusstsein immer objektives Bewusstsein und hört an einem bestimmten Punkt in der Meditation auf. Es ist etwas, das überschritten werden muss." Bhagavan schwieg.

Vor dem Zweiten Weltkrieg brachte ein europäischer Schüler Bhagavans einen Freund aus Deutschland mit, der von Bhagavans Lehre eindeutig nichts verstand. Eines Nachmittags gingen er und ich zusammen spazieren. Wir sprachen über den politischen Zustand in Deutschland. Wie üblich streckten die Bengel, die in den Mantapams in der Changan-Straße wohnten, ihre Hände aus und verlangten Geld, als sie ein weißes Gesicht mit blauen Augen sahen. Mein Gefährte scheuchte sie weg, aber sie wurden aufdringlich, umso mehr als sie sahen, dass er ärgerlich wurde. Je aufdringlicher sie wurden, desto ärgerlicher wurde er. Ich sagte zu ihm, er solle sie einfach nicht beachten. Plötzlich trennte er sich von mir und verfolgte sie. Gelegentlich warf er mit Steinen nach ihnen, was sie dann ebenfalls taten, bis ich ihm nachrannte und ihn aufhielt. Mit einem roten Gesicht beschwerte er sich, dass sie ihn beleidigt hätten. Ich sagte ihm, hätte er sie einfach ignoriert, wären sie weggegangen, so wie sie es jedesmal tun, wenn ich vorbeikomme, weil sie wissen, dass ich ihnen nie etwas gebe. Als ich ihn auf Verletzungen untersuchte, sah ich, dass er glücklicherweise von den geworfenen Steinen nicht verletzt worden war.

Wir kamen in die Halle. Ich spürte, dass er sich bei Bhagavan über den Ashram beschweren wollte, weil es wandernden Stämmen erlaubt war, in seiner Nähe zu leben. Ich wollte nicht, dass er das tat. Sobald er zu sprechen begann, hinderte ich ihn daran, indem ich erzählte, dass Jungen auf der Straße ihn für einen reichen Europäer gehalten und ihn beleidigt hätten. Bhagavan saß für eine Sekunde still da und sagte dann: „Wen haben sie beleidigt? Sie sahen einen weißen Körper und dachten, dass er sehr reich sei und dass er ihnen Geld geben würde. Hätte er geglaubt, dass sie den Körper beleidigten und nicht ihn, hätte er ihren Beleidigungen noch welche hinzugefügt und seinen eigenen Körper verflucht, und sie hätten ihn in Ruhe gelassen. Du siehst also, wie eine unsinnige Sache nur aus reiner Unwissenheit (*avidya*) sehr ernst hätte enden können. Das alles kommt vom Körper. Er ist der größte Feind des Menschen, weshalb man ihn behandeln sollte wie er es verdient. In diesem Fall wäre die gesündeste Wahl gewesen, einfach die Bettler zu ignorieren."

Die Jahre vergingen, und ich übte weiterhin mein *sadhana* in einem gleichmäßigen und beständigen Tempo, obwohl es unmerklich von einer körperlichen Müdigkeit ausgebremst wurde, bis es ernst wurde. Ich war 50 geworden. Die Würze des Neuen verlor ihren Reiz und brachte meinen Prozess in Gefahr, in den ich so viel Mühe gesteckt hatte. Aber ich muss gestehen, dass ich meine Zeit nicht vergeudet hatte. Eine gleichbleibende innere Stille war mein Lohn, die mir damals genügte. Doch es war offensichtlich falsch, mich damit zufrieden zu geben und dem inneren Feind nicht mehr so heftig zu widerstehen. Denn diese Stille kann trügerisch, sogar verhängnisvoll sein, da dies der Punkt ist, an dem man gern in den falschen Glauben abrutscht, dass man *Sahaja*, d.h. die wirkliche Befreiung, erlangt hat, einen Zustand, in dem man sich kompetent genug fühlt, einen eigenen Ashram zu eröffnen und Erfolg zu haben.

Erfolgreich wird dieser Mensch besonders dann sein, wenn er einen starken Willen besitzt und laut behauptet, dass er ihn unterworfen hat, wobei er in Wirklichkeit sehr lebendig ist. Oder er kann kläglich scheitern, wenn auch nicht am Anfang, so doch im Laufe seines Lebens. Wenn letzteres wegen seiner Fehleinschätzung bezüglich seiner Verwirklichung geschieht, kann er zu seinem alten *sadhana* zurückkehren und sich gut entwickelt. Andernfalls muss er auf die volle Verwirklichung in einem anderen Leben warten, das sicherlich folgen wird.

An einem anderen Tag hörte ich, wie sich eine alte Frau bei Bhagavan über die Ashram-Bücher beklagte, die in schwierigem Englisch geschrieben seien. Sie seien für Leute aus nicht-englischsprachigen Ländern zu knapp und unverständlich. Die Sprache sollte vereinfacht werden und die Punkte gut herausgestrichen sein. Bhagavan antwortete, dass man dagegen nichts tun könne, weil die Sprache für die, die Englisch können, gut und grammatisch und sprachlich richtig sein müsse. „Würdest du ein französisches Buch, das ungenau und schlecht geschrieben ist, lesen? Du würdest es nicht anrühren. Die Übersetzungen sollten in der bestmöglichen Sprache sein, damit sie Respekt verdienen. Fremde können sich durch wiederholtes Lesen mit dem Englisch vertraut machen, wie wir es bei vielen Deutschen, Franzosen usw. gesehen haben, die jetzt perfekt Englisch sprechen. Die meisten Fremden, die den Ashram besuchen, haben Englisch gelernt und beklagen sich nicht darüber, dass unsere Bücher zu schwer sind. Die meisten sagen, wenn man sie fragt, dass sie in der Schule Englisch gelernt haben. Obwohl du recht hast, was diejenigen betrifft, die überhaupt kein Englisch sprechen, so sind sie im Vergleich zur Mehrheit doch sehr wenige."

Wie andere Schüler des Maharshi auch erzählte ich Bhagavan immer von allen Projekten, die ich mir vornahm. Ich wartete auf meine Chance, ihm von meinen Plänen zu berichten, und eines Tages bekam ich sie. Ich erzählte ihm, dass ich mich seit einigen Wochen etwas erschöpft fühlte. „Würde mir Bhagavan raten, Abwechslung zu suchen?" Er antwortete, die Monotonie sei für meine Müdigkeit verantwortlich, da ich nicht an sie gewohnt sei. Ich solle mir Abwechslung suchen. Ich sagte, dass ich Freunde in Bombay habe, die ich seit zehn Jahren nicht mehr gesehen hätte. Ich könnte sie besuchen. Und innerhalb einer Woche war ich in Bombay. Nach der ersten Wiedersehensfreude begann ich, an den Ramanashram und Bhagavan zu denken, aber fast zweieinhalb Jahre konnte ich mich nicht dazu aufraffen, nach Tiruvannamalai zurückzukehren, obwohl mein *sadhana* unvermindert weiterging und meine innere Ruhe mich nicht verließ. Es war, als wäre ich im Ramanashram. Trotzdem war es nicht dasselbe. Das Heimweh nach Bhagavan wuchs nach dieser Zeit täglich, und deshalb kehrte ich kurz darauf „nach Hause" zurück.

Nach zweieinhalb Jahren im lauten Babylon, dem gottlosen Bombay, kehrte ich schließlich am 5. Juni 1948 um 8 Uhr morgens nach Tiruvannamalai zurück. Es war heiß und schwül, und ich fühlte mich wegen der Hitze und Übermüdung nach einer schlaflosen Reise miserabel. Um 10 Uhr ging ich nach meinem Bad zum Ashram. Nur eine Person war über meine voraussichtliche Rückkehr informiert, und diese Person hatte es Bhagavan erzählt, der aussah, als habe er auf mich in der neuen, geräumigen Halle gewartet. Diese „Jubiläums-Halle" war 1946 zum 50. Jahrestag der Ankunft Bhagavans in Tiruvannamalai errichtet worden. Sie war die einstige nördliche Veranda der Alten Halle gewesen.

Als ich bemerkte, dass er von hinten kam, wobei sein Gesicht strahlte, als er mich entdeckte, verneigte ich mich, bot ihm mein Obst an, setzte mich in die erste Reihe zu den Leuten und blickte ihn an. Ich sah eine Frage in seinen Augen und verstand ihre Bedeutung. Sofort antwortete ich: „Nein, Bhagavan, ich habe genug von Bombay. Ich bin gekommen, um für immer hier zu bleiben." Ich sah ein Lächeln in seinem Gesicht und war glücklich.

Ich ließ meine Augen auf dem Gesicht und Körper Bhagavans ruhen und bemerkte, wie sehr er gealtert war. Er war jetzt 68. Er war dünner geworden, besonders seine Beine und Schenkel, die jetzt im Vergleich zu 1946 fast abgemagert waren. Das Fleisch hing loser an seinem Hals. Trotzdem waren sein Lächeln und das Funkeln in seinen Augen immer noch ungetrübt. Inzwischen erhob er sich mit größeren Schwierigkeiten von seinem Sofa und ging mit gebeugter Haltung und einem Schwingen, das von der Unsicherheit seiner Beine kam.

Zwei neue Amerikaner, ein junger Bauer und eine ziemlich junge Frau, ergänzten jetzt die Ashram-Familie der Ausländer. Von Anfang an spürte ich, dass sie heiraten würden, und einige Jahre später taten sie das in Varanasi auf dem Heimweg. Es waren Herr Rappold und Fräulein Ben, und sie verließen Indien als Herr und Frau Rappold. Ein Jahr später hatten sie einen Jungen, den sie Ramana nach Bhagavans verkürztem Originalnamen Venkata Ramana nannten.

Lang vor diesen Amerikanern war ein „bedeutsamer" Deutscher im Ashram gewesen, den wir alle „den Baron" nannten oder Baron von Veltheim. Milde gesagt übertrieb er gern. Etwa fünf Wochen vor meiner Ankunft verbrachte er eine Nacht im Ashram, eine von vierzehn, die er in Indien war. Er kam am 23. Dezember um 16:30 Uhr an und blieb bis zum 24. Dezember um 9:30 Uhr. Er stellte einige Fragen, denen Paul Brunton sich anschloss, was er nur in wichtigen Fällen tat. Die Ashram-Bewohner hatten deshalb Grund zu glauben, dass der Baron eine „wichtige" Persönlichkeit sei. Er hinterließ nichts, außer seiner Fragen im „Journal" und einige Einzelheiten über seine Ankunft und Abreise. Da er aus Respekts für den Maharshi auf keinem Stuhl sitzen wollte, aber auch nicht auf dem Boden sitzen konnte, rollte er eine seiner Decken zusammen, was eine Höhe von wenigen Zentimetern ergab, und setzte sich darauf auf den Boden. Seine erste Frage lautete: „Zwischen der Erkenntnis des Selbst und der Erkenntnis der Welt sollte Harmonie bestehen. Sie müssen sich zusammen entwickeln. Ist es nicht so? Stimmt mir der Maharshi zu?" Als Bhagavan schwieg, antwortete Paul Brunton: „Der Maharshi stimmt zu." Bhagavan sagte sein übliches „Ja, ja."

Frage: „Jenseits des Verstandes und bevor die Weisheit dämmert, ziehen die Bilder der Welt vor dem Bewusstsein vorbei. Ist es nicht so?"

Bhagavan zeigte auf einen ähnlichen Abschnitt im Dakshinamurti Stotra, in dem es heißt, dass die Bilder wie Reflexionen in einem Spiegel seien.

Frage: „Seit 1930 gibt es in der Welt ein spirituelles Erwachen. Stimmt Maharshi mir zu?"

Bh.: „Die Entwicklung entspricht deiner Sichtweise."

Bis jetzt waren die Fragen vernünftig gewesen, aber dann zeigte sich die Vorliebe des Barons für den Okkultismus.

F.: „Wird der Maharshi mich in Trance versetzen und mir eine unausgesprochene, aber verständliche Botschaft übermitteln?"

Bhagavan schwieg, aber Paul Brunton sagte: „Der Maharshi könnte das tun, wird es aber nicht."

Der Baron erzählte dann dem Maharshi, das er den Kontakt mit ihm am 19. Dezember um 17:00 Uhr aufgenommen habe, als er im Zug saß, der um 14:00 Uhr in Bombay abgefahren war. Deshalb seien sie einander nicht fremd. Im Connemara-Hotel im Madras sei das erste, was er gesehen habe, die Schlagzeige in der Madras Mail gewesen, die lautete: „Zwei Europäer im Ramanashram". Er habe diesen Artikel mit Interesse gelesen. Der Maharshi ging jetzt hinaus. Der Baron verließ den Ashram gegen 9:30 Uhr am nächsten Morgen, aber das war noch nicht das Ende der Episode mit ihm.

Einige Monate später brachte die Morgenpost einige Bücher aus Deutschland, und wir fanden darin die Beschreibung des Besuchs des Barons von Veltheim-Ostrau, wie er in Deutschland genannt wurde. In der Beschreibung behauptet er, dass, obwohl die Berührung des Maharshi verboten war, er ihn nicht nur berührt, sondern auch seine Schenkel usw. massiert habe, um seinen Rheumatismus zu lindern, und dass der Maharshi seine Ankunft am 23. Dezember um 16:30 Uhr vorausgesagt habe, was die Niederschrift von Paul Brunton beweise, die der Maharshi ihm diktiert habe. Das regte die Schüler auf, die noch nie beobachtet hatten, dass Bhagavan irgendwelche okkulte Phänomene bewirkt hatte. Jene, die bei dem Treffen und Gespräch zwischen dem Baron und Bhagavan anwesend waren, erklärten, dass das Massieren der Beine eine reine Erfindung sei.

Umso mehr waren wir erstaunt, als wir im vergangenen Monat (August 1975) im ‚The Theosophist‘ einen Artikel lasen, der offensichtlich von einem seiner Verehrer geschrieben worden war, der erneut von der erfundenen Prophezeiung berichtete. Wir geben hier einen Teil des Artikels wieder:

„Bei seiner Ankunft in Indien wurde Veltheim-Ostrau (dem Baron) mehrere Empfehlungsschreiben für die bedeutendsten indischen Gurus ausgehändigt. Darunter war auch eine kleine Broschüre von Paul Brunton über Sri Ramana Maharshi, die Veltheim-Ostrau im Zug von Bombay nach Madras las. Er berichtet, dass sie ihn nicht sehr beeindruckt habe. Nach einigem Herumreisen in Südindien kam er nach Tiruvannamalai, wo er zu seiner großen Überraschung vom Maharshi mit dem Worten willkommen geheißen wurde: ‚Du bist der Deutsche, auf den ich gewartet habe. Frag Paul Brunton und die Swamis!‘ Daraufhin erzählte ihm letzterer, dass der Maharshi am Morgen öffentlich verkündet habe, dass ein Deutscher genau um diese Zeit eintreffen würde. Veltheim-Ostrau fragte, ob seine Ankunft angekündigt worden sei. Er habe selbst nicht gewusst, dass er an diesem Tag Tiruvannamalai besuchen würde. Das wurde bestätigt.

Veltheim-Ostrau zitierte den Inhalt des folgenden Gesprächs: ‚Der Maharshi fragte in ziemlich schlechtem Englisch: „Seit wann bist du mit mir in Kontakt?“ Ich sah in meinem Tagebuch nach und sagte: „Seit dem 19. Dezember 1935 um 16:30 Uhr auf der Reise von Bombay nach Madras, als ich Bruntons Büchlein über dich gelesen habe.“ Daraufhin wurde mir ein Stück Papier von Brunton und den Swamis gezeigt, auf dem stand: „Der deutsche

Herr, der heute Nachmittag ankam, ist seit dem 19. Dezember um 16:30 Uhr mit dem Maharshi in Kontakt." Das war sozusagen die erste Visitenkarte, die der große Guru mir gegeben hat.'

Im ausführlichen Kapitel ‚Der große Meister', in dem sein Besuch beim Maharshi und das verblüffende und eindringliche Gespräch mit ihm beschrieben wird, spricht Veltheim-Ostrau von einem beeindruckenden Ereignis.

Während eines Gesprächs war der Maharshi ins *Samadhi* gegangen. Veltheim-Ostrau war immer noch damit beschäftigt aufzuschreiben, was der Maharshi gesagt hatte, als letzterer ihn plötzlich ansah. ‚Wir sahen einander in die Augen. Ich kann nicht sagen, für wie lang, denn ich ging in einen fast körperlosen und zugleich raumlosen Zustand ein, in dem selbst die normale Zeit ihre Bedeutung verliert. Ich hatte das physische Empfinden einer Ausdehnung und Gewichtslosigkeit, als würde man bewusst sein eigenes Einschlafen und Träumen beobachten. [...] Dieser Zustand, der sich weiter entwickelte, wurde von einem zunehmenden Gewahrsein begleitet, das man nur als Ausdehnung und „Erweckung" in einen außerordentlichen Bewusstseinszustand beschreiben kann, eine seltene logische Klarheit des Denkens. [...] Ich denke, ich kann es am besten als das Gefühl eines unvorstellbaren Zustands von Ausgeglichenheit meines ganzen Seins beschreiben, meine Vergangenheit, Gegenwart und Zukunft eingeschlossen. Eine unendliche, unpersönliche Liebe breitete sich über mich und durch mich über alle aus, die jemals in mein Leben getreten waren. Ich spürte um mich herum alle Leute und Lebewesen, mit denen ich jemals in Berührung gestanden hatte, seien sie lebend oder tot, und ich befand mich in einem unbeschreiblichen Zustand des Friedens ohne Probleme oder Gemütserregungen ihnen gegenüber, unpersönlich und doch voller wärmster Liebe.'

Er fährt fort: ‚Meine Augen tauchten in die goldene Tiefe der Augen des Maharshi ein, der in *Samadhi* war. Etwas geschah, das ich nur in tiefster Ehrfurcht und in aller Bescheidenheit, Wahrheit, Einfachheit und Kürze beschreiben kann. Die dunkle Farbe seines Körpers wurde allmählich weiß. Dieser weiße Körper wurde immer heller, als würde er von innen erleuchtet werden, und begann zu strahlen. [...] Jetzt sah und wusste ich, warum ganz Indien diese Persönlichkeit als einen lebenden Gott verehrt.'

Von da an tauchte dieser strahlende Körper immer auf, wenn Veltheim-Ostrau sich in Meditation mit dem Maharshi verband, auch nach dessen Tod am 14. April 1950.

Die berühmte deutsche Parapsychologin Dr. Gerda Walther zitiert in ihrem Buch ‚Phänomenologie der Mystik' (Phenomenology of Mysticism) diese Erfahrung von Veltheim-Ostrau zusammen mit anderen. Der niederländische Philosoph und Theosoph Prof. J.J. Poortman erwähnt auch die ‚strahlende Körpererfahrung' in Zusammenhang mit der Lehre und Erfahrung anderer kultureller Gruppen in seinem fünfbändigen Werk ‚Ochema', in dem er sich ausführlich mit verschiedenen Vorstellungen über die subtilen Zustände von Materie auseinandersetzt."

Hier endet das Zitat aus dem Artikel.[16]

Was das *Samadhi* des Maharshi während seines Gesprächs mit dem Baron angeht, kann natürlich niemand etwas darüber sagen, denn der Zustand des *Samadhi* betrifft den Geist oder das Bewusstsein des Maharshi, und weder der Baron noch ein anderer Okkultist konnte etwas darüber wissen oder ob es sich überhaupt um *Samadhi* handelte. Seine Schüler sind an solche Behauptungen von unvollkommenen und unreifen Leuten gewohnt, die mit allen möglichen Vorstellungen, intellektuellen Standpunkten und Anlagen und ihren aufgeblasenen Egos in den Ashram kommen. Wir ignorieren sie einfach. Sie schädigen sich selbst mehr als andere. Keiner wird zum Okkultisten oder Wahrsager, indem er sich das einfach sehnlichst wünscht oder in sein Tagebuch schreibt. Wenn überhaupt ist es ein Beweis für Unwissenheit (*avidya*) oder eine psychische Unausgeglichenheit.

Vor einigen Jahren ereignete sich ein amüsanter Vorfall in Bhagavans Gegenwart in der Halle. Es war irgendwann zu Beginn 1937, aber das Datum ist bedeutungslos. Der *Sarvadhikari*, der offizielle *Sarvadhikari*, war einige Tage nicht da, und an seiner Stelle regierte der Aushilfs-*Sarvadhikari* – wir wollen ihn Herrn S.I. nennen.

---

[16] s.a. Veltheim-Ostraus ausführliche Schilderung in: Veltheim-Ostrau, Hans-Hasso von: Der Atem Indiens: Tagebücher aus Asien: Neue Folge: Ceylon und Südindien, Hamburg, 1951 (Kapitel IX: Der große Meister: Shri Ramana Maharshi in Tiruvannamalai, S. 251-320)

„Das Journal" – zwei kleine Bücher – lag immer in der Halle, nicht weit von Bhagavans Sofa entfernt. Der Autor von ‚Talks with Sri Ramana Maharshi' schrieb direkt die Gespräche hinein, die am Tag in der Halle stattfanden. Bhagavan zeigte es den Neuankömmlingen, und jeder, der einige Gedichtzeilen hineinschreiben wollte, durfte das tun.

Eines Morgens wollte Bhagavan einen Blick hineinwerfen. Der Gehilfe sagte, dass Herr S.I. es weggenommen habe. Er wurde herbeigerufen und nach dem Grund gefragt. S.I. sagte, Bhagavan habe ihm im Traum befohlen, das Journal wegzunehmen und es nie wieder in die Halle zurückzulegen. Also habe er seinen Befehl befolgt.

Bhagavan antwortete mit einem amüsierten Lächeln: „Nun gut, wenn du so gehorsam bist, musstest du natürlich das Journal wegnehmen, denn es war der Traum-Bhagavan von letzter Nacht, der es dir befohlen hat. Und jetzt befiehlt der Wach-Bhagavan dir etwas anderes." Er bat den Gehilfen, S.I zu folgen und das Journal zu bringen. Aber als der Gehilfe wiederkam, hatte er das Journal nicht dabei. Bhagavan vermutete sofort den Grund dafür, aber er schwieg. Er kannte den angeborenen Aberglauben der Leute. Sie fürchteten den Traumgott mehr als den wirklichen, lebenden Gott, und Bhagavan verängstigt niemanden. Wenn man an Bhagavan denkt, erfüllen Freude und Glück das Herz, und es gibt keinen Grund, ihn zu fürchten. Aber der Traum-Bhagavan ist schrecklich, da er der eigenen Fantasie entspringt, wobei die Angst beliebig vergrößert werden kann. Deshalb blieb das Journal bei S.I.

Bhagavan scheint eine Vorliebe für den weißen Pfau entwickelt zu haben, den die Devotees für eine Inkarnation Madhavasamis, seines alten Gehilfen, der vor etwa zwei Jahren gestorben ist, halten. Heute (18.6.1948) ist die berühmte Kuh Lakshmi gestorben. Einige glauben, dass sie in ihrer früheren Geburt eine Schülerin Bhagavans gewesen sei. Sie folgern das aus ihrer Geburt, den Ereignissen in ihrem Leben, ihrer großen Anhänglichkeit an ihn und anderem. Nachdem Bhagavan die Geschichte der Kuh Lakshmi erzählt hatte, erzählte er die des weißen Pfauen, der von weit her, aus Baroda gebracht worden war. Er wurde im Oktober 1946 geboren, drei Monate nach Madhavasamis Tod (im Juli 1946), und war von der Maharani von Baroda im April 1947 nach Madras und am selben Tag von David MacIver in den Ramanashram gebracht worden.

Bhagavan beobachtete das Verhalten des Pfauen. Er pflegte zum Bücherregal zu gehen, wo die Bücher aufbewahrt wurden, berührte die Glastür mit seinem Schnabel genau von Ost nach West, als würde er die Buchtitel lesen. Zweitens tauchte er in der Halle auf und verließ sie zur selben Zeit, wie Madhava es einst tat. Drittens saß er genau dort, wo Madhavasami immer gesessen hatte, und besuchte das Büro, den Bücherladen, die Bibliothek usw. zu den Stunden, in denen Madhava das getan hatte. Er verhielt sich wie Madhava. Daraus schlossen mehrere Devotees, dass er der wiedergeborene Madhava sei.

25. Juni 1948

8:30 Uhr. Ich bin in Meditationsstimmung. In der Halle ist es still, und es sind nur wenige Devotees da. Der Morgen ist frisch, und Bhagavan ist heiter. Ich versinke in Meditation – ein, zwei, drei Mal. Ich sehe auf meine Armbanduhr. Es ist 9:10 Uhr. Bhagavan beobachtet mich. Ich höre ihn etwas in Englisch sagen. Es muss an mich gerichtet sein. Ich sehe ihn an. Ja, er spricht mit mir. "Grant Duff ist gestorben." Ich sagte: "Mit 87?" "Nein, mit 83", korrigierte er mich. "Wo, in Amerika?" "Ja", antwortete er und schwieg. Ich meinte: "Ich hoffe, er musste vor seinem Tod nicht leiden." Bhagavan antwortete: "Ich weiß es nicht." Da wir nichts weiter miteinander sprachen, versank ich erneut bis 9:40 Uhr in Meditation. Dann ging ich.

23. August 1948

Ich bin in Meditation versunken und sitze am ersten Pfeiler Bhagavans Sofa gegenüber. Ich höre Bhagavan sagen: „Er ist der Vorsteher des Ashrams." Ich öffne die Augen. Er wendet sich mir zu, zeigt auf den weißen Pfau und sagt: „Er ist der Vorsteher des Ashrams." Ich verstand sofort und antwortete: „Er geht im Ashram herum und inspiziert alles." „Ja, es ist seine Art, überall herumzugehen und seine Nase in alles hineinzustecken. Dann nickt er zustimmend mit dem Kopf."

Um 18:15 Uhr spricht Bhagavan immer noch über den Pfau, der den Ashram inspiziere. Er fügt hinzu, dass Harindranath Chatopadhyaya, der vergangenen Abend in der Halle ein Gedicht rezitierte, das er zu Ehren der Kuh Lakshmi verfasst hat, auch eines über den Pfau dichten will.

Heute ist Bhagavans linke Backe geschwollen. Wie ich verstehe, ist auch sein Gaumen geschwollen.

24. August 1948

Venkataratnam bot Bhagavan etwas an, das er ihm in den Mund legte. Er sah mich lächelnd an: „Homöopathie", sagte er. Ich verstand. „Von wem?", fragte ich. Er zeigte auf Frau Osborne: "Von ihr." Ich erwiderte, dass Homöopathie sehr gut sei. Seine Backe ist heute nicht mehr so stark geschwollen.

26. März 1949

18:00 Uhr. Frau D., die lange Zeit hier verbracht und *sadhana* geübt hat, und ihr Neffe verneigten sich vor Bhagavan und baten um seine Erlaubnis, heim nach Kashmir zu gehen. Plötzlich stand Frau D. auf und rief: „Warum soll ich gehen? Bhagavan hat mich gerufen, und so bin ich zu seinen Füßen gekommen. Warum soll ich in diese schmutzige Welt zurückkehren?" Dann sagte sie zu ihrem Neffen: „Geh. Ich komme nicht mit." Vishvanathan, der ihr den Weg zum Frauen-Bereich der Halle versperrte, kreischte sie an: „Du Unheilstifter! Lass mich in Ruhe! Ich gehe nicht!" Sie wurde immer lauter, aber ihr Neffe hielt sie fest und zog sie mit sich. Schließlich krempelte er seine Ärmel hoch und trug sie wie ein Baby in seinen Armen hinaus. Sie begann verzweifelt zu schreien: „Herr Venkataramiah, Herr Vishvanathan", aber als sie weiter fortgetragen wurde, wurde sie still. Kaum zehn Minuten später tauchte sie wieder auf. Sie ging neben ihrem Neffen. Offensichtlich hatte sie ihm versprochen, Bhagavan zum letzten Mal zu sehen und dann mitzukommen. Sie verneigte sich normal und verharrte lange in dieser Haltung. Schließlich stand sie auf und ging zum Wagen zurück, der draußen wartete. Es war ein wirklicher Abschied, denn sie kam bis zum heutigen Tag nie wieder. Fräulein Merston war so freundlich, sie bis nach Madras zu begleiten und dem Neffen zu helfen.

Nachdem Frau D. gegangen war, meinte Bhagavan zu ihren Worten: "Wer ist Bhagavan? Ist er von dir verschieden?"

Nach meiner Rückkehr aus Bombay beschloss ich, so oft wie möglich in der Halle zu meditieren, um meine Abneigung gegen Lärm, besonders der der Kinder, deren Mütter, weise oder nicht, ihnen alle Freiheit in der Halle erlaubten, zu überwinden. Der andere Lärm sind die Gespräche, die Besucher in Sprachen, die ich nicht verstehe, mit Bhagavan führen. Aber soeben geht es in Englisch um die Frage „Wer bin ich?" und die Selbstergründung. Manchmal diskutieren die Schüler untereinander, aber in der Regel wird die Frage Bhagavan gestellt. Jetzt geschieht beides.

Bhagavan sagt: „Wessen Selbst muss verwirklicht werden? Gibt es den jemanden, der kein Selbst hat? Warum verherrlichst du das Selbst als sei es etwas, das von außen herbeigebracht werden muss? Du bist das Selbst, das Sein, das ‚Du' selbst. Du musst das nur durch den gesunden Menschenverstand und Argumente verstehen. Das nennt man ‚*vichara*' (Ergründung dessen, wer du bist.) Das ist dasselbe wie die Frage ‚Wer bin ich?' Ihr übt *vichara*, um Selbstverwirklichung zu erlangen. Es gibt dabei kein Geheimnis. Warum fragt ihr dann, ob man 'Wer bin ich?' wie ein Mantra bewusst oder unbewusst wiederholen soll? Du musst es erörtern, wie du auch alle anderen Probleme erörterst, z.B. wenn du deinen Namen vergisst oder wenn du vergessen hast, welcher von zwei Männern dein Onkel ist. Du bist das Selbst. Unglücklicherweise denkst du nun, das Selbst sei dein Körper, der nur ein Leichnam ist, wie ein Auto ohne einen Motor, der es antreibt."

Meine ganze Aufmerksamkeit gehört natürlich den Worten Bhagavans. Was geschieht mit der Meditation? Deshalb mein unnachgiebiger Rat an Chadwick, nicht in der Halle, sondern in seinem Zimmer zu meditieren, wie ich es getan habe. Der Major hat jedenfalls seit etwa drei Jahren nicht mehr in der Halle meditiert, da es für ihn in der neuen Veranda-Halle nicht möglich ist, ungestört zu sein.

Ich hörte, wie jemand aus der Mitte der Halle seine Stimme erhob und sagte: „Das ganze Problem liegt darin, dass das Selbst nicht wahrnehmbar ist, wohl aber der Körper. Wir können nichts vom Selbst wahrnehmen, außer dass es mein Sein ist, während wir sehen, wie der Körper sich bewegt, spricht, denkt usw. Wir lernen vom Guru, dass das alles eine Täuschung ist, aber wir können unsere Sinne nicht verleugnen, die das Gegenteil sagen."

Bhagavan antwortete, dass aus diesem Grund ein vertrauenswürdiger Guru nötig sei. Für den Guru ist das kristallklar. Deshalb ist er in der Lage, aus eigener Erfahrung den rechten Weg zu lehren. Du darfst deinen Augen nicht glauben. Du musst ihm glauben.

Ein gelegentlicher Besucher stand von irgendwo in der Halle auf und kam nach vorne. Er sagte mutig, aber respektvoll: „Ich war gestern in der Halle, als der Maharshi über die Selbstverwirklichung gesprochen hat. Ich zweifle nicht daran, dass der Maharshi aus Erfahrung spricht und deshalb Recht hat. Aber ich kann mich nicht gegen meine Ausbildung stellen, die mich gelehrt hat, dass ich nichts anderes als der Körper bin, und dass das größte *pramanam* (einer der vier Beweise, auf die jedes Argument beruht) der direkte Beweis der Augen ist. Ich habe über alles, was du gesagt hast, nachgedacht, und ich bin nicht davon überzeugt, dass das Selbst oder das, was du *chit* oder Bewusstsein nennst, mein Sein und die endgültige Wahrheit ist. Auch der Körper hat Bewusstsein. Wenn er stirbt, bedeutet das auch meinen Tod. Mit mir ist es dann zu Ende. Ich gehe dahin, wohin alle Menschen gehen – keine Ahnung wohin. Was sagt der Maharshi dazu?"

Bhagavan schwieg eine Minute lang und sagte dann: "Solange du die Existenz des Bewusstseins im Körper zugibst, besteht die Hoffnung, dass du eines Tages wissen willst, was es ist, und zwar aus eigener Erfahrung, was der größte Beweis (*pramana*) ist. Es ist deshalb der größte Beweis, weil das Leben viel wichtiger als der leblose Körper ist. Selbst im Westen geben die Philosophen zu, dass der Beweis der Sinne sich als nutzlos erwiesen hat. Hast du sie gelesen? Der Besucher bejahte. "Aber Herr, ich bin ein Anhänger Madhavacharyas[17] und glaube an den Dualismus. Ich würde als Häretiker gelten, wenn ich mich gegen meinen Glauben stellen würde, trotz allem Respekt für dich, Bhagavan."

Bhagavan antwortete: "Parwa ille (Das macht nichts)."

---

[17] Madhavacharya (13. Jh.) ist der Begründer des Dualismus, d.h. er betrachtete *Atman* und *Brahman* als voneinander getrennt.

An diesem Tag (27.3.1949) wurde die zweite Operation an Bhagavans Ellbogen ausgeführt. Es war die entscheidende Operation zwischen den chirurgischen und nicht-chirurgischen Behandlungsmethoden, weshalb ich mich lebhaft daran erinnere. Das ganze Jahr 1948 war Bhagavan verhältnismäßig gesund gewesen. Er hat in seinem ganzen Leben nie an einer ernsthaften Krankheit gelitten. Kleine Erkrankungen kamen und gingen wie bei den Kindern. Aber später, etwa in seinen Sechzigern, plagte ihn beständig der Rheumatismus in der Hüfte und in den Knien, an dem er schon früher erkrankt war. Manchmal hatte er in der kalten Jahreszeit einen asthmatisch pfeifenden Atem, aber es führte nie zu einem Anfall. Ich glaube, die Gehilfen hatten irgendein Hausmittel dafür, aber er weigerte sich oft, es zu nehmen, indem er mit der Hand abwinkte, als wolle er sagen: „Mach dir keine Umstände!"

Aber kaum war das Jahr 1948 in 1949 übergegangen, begann der Körper wirklich zu leiden. Was vom Februar 1949 bis zum April 1950 geschah, wurde ausführlich an anderer Stelle in diesem Buch beschrieben. Doch ich muss zugeben, dass es den meisten seiner langjährigen Schüler lange vor dem Ende des Jahres 1949 klar war, dass der Meister sie physisch verlassen und in *videhamukti* eingehen würde. Nichts konnte sie trösten als blinde Hoffnung und die verwirrenden Vorhersagen einiger Pseudo-Astrologen.

Bhagavan nahm das alles nicht ernst. Am Anfang pflegte er zu sagen, dass er keine Schmerzen habe. Er dachte, dass die Operation durch den Arzt völlig unnötig sei und das Schicksal des Körpers nicht ändern würde, das seit dem Tag seiner Geburt vorherbestimmt war. Als die Behandlung bedenklicher und schmerzhafter wurde, erinnerte er die Devotees und Ärzte an seinen ersten Wunsch, den Tumor in Ruhe zu lassen und nichts zu tun. Dennoch hätte er bestimmt in die anderen, nichtchirurgischen Behandlungsmethoden eingewilligt, die harmlos sind und ihm wahrscheinlich einige Erleichterung verschafft hätten, wenn auch keine Heilung – Homöopathie, Malabari, Siddha usw. – und die später vergeblich zur Anwendung kamen. Sie alle sind grundsätzlich gegen Operationen, da dadurch die Symptome nur verteilt werden, was die Ärzte irritiert, besonders die Homöopathen, die aufgrund der Symptome Medikamente verordnen. Aber die Schulmediziner bestanden darauf, ihre Pflicht und das Bestmögliche für ihn durch Operation und Radiumanwendung zu tun. Sie gewannen und überließen Bhagavan seinem Los. Es war wohl sein Schicksal, wie er möglicherweise gedacht hat, und deshalb war es für ihn das Beste, es schweigend zu ertragen. Ich mache niemanden dafür verantwortlich und erwähne auch keine Namen. Es ist zu spät dafür. Ich schreibe nur meine Erinnerungen nieder und muss berichten, was sich zu jener Zeit ereignet hat. Deshalb musste die zweite Operation erfolgen.

An diesem 16. Dezember 1949 sah ich Major Chadwick ins Ashram-Büro gehen, als ich dort vorbeikam. Im Gegensatz zu seiner üblichen Zurückhaltung hörte man ihn von Bhagavans vierter Operation, die auf den 19. angesetzt war, sprechen. Nach einigen Worten wurde er hitzig. In seiner donnernden Stimme rügte er die Verantwortlichen: „Wie lange wollt ihr Bhagavan noch operieren? Erspart ihm diese Tortur! Ihr habt schon so oft operiert. Was hat es gebracht? Lasst ihn, lasst ihn, lasst in Frieden!" Jedes "lasst ihn" betonte er. Alle Anwesenden waren sprachlos. Selbst der hartgesottene *Sarvadhikari* war erstarrt, bis der Major nach einigen Minuten ging.

Chadwick hatte meine ganze Sympathie, aber das verantwortliche innere Gremium, das auf die Schulmedizin setzte, hörte auf keinen anderen Rat. Ich mache die Obrigkeiten nicht dafür verantwortlich, dass sie von Anfang an keine anderen Behandlungsmethoden versucht haben, da sie nichts über sie wussten. So war zum Beispiel der einzige Homöopath, der zur Verfügung stand, kein wirklich fähiger Arzt. Er war völlig inkompetent und ein Anfänger. Als der kompetente Herr T.S. Iyer eintraf, blieb er nicht lang genug für eine homöopathische Behandlung, die viel Zeit braucht. Oder geschah es, weil er keine Hoffnung hatte?

Die einzigen, die konkurrenzfähig waren, waren die Schulmediziner, die zumindest hochqualifizierte Ärzte waren und über ein halbes Leben an Erfahrung und Praxis verfügten. Mein einziger Groll besteht darin, dass den anderen Behandlungsmethoden, vor allem der homöopathischen, die nach der Operation nutzlos geworden war, keine angemessene Chance gegeben wurde, besonders am 9. Februar, als der Tumor nicht größer als eine Pflaume gewesen und die Diagnose Krebs noch nicht bestätigt worden war. Gute Homöopathie wirkt sehr gut und schnell, und wer weiß, vielleicht hätte sie das medizinische Rennen gewonnen. Bhagavan hätte auch keine Einwände gegen sie erhoben wie gegen das Messer.

Dr. Shankar Rao gestand mir am 21. und 23. Dezember, dass er Bhagavan am 19. einen Schlaftrunk gegeben hatte, der zwei Nächte lang gut wirkte, obwohl einige Devotees das bestritten, weil sie dachten, dass Bhagavan ihn nicht genommen hätte.

Am 31. Dezember erfuhr der *Sarvadhikari*, dass Bhagavan sich über die Türschwelle der Tempelhalle beschwert hatte, die er nicht mehrmals am Tag bewältigen konnte, wenn er zur Toilette wollte. Er plante nun, in der Tempelhalle eine Toilette einbauen zu lassen, sodass Bhagavan die Halle nicht mehr verlassen musste, wogegen Bhagavan Einwände erhob. Als nächstes begann der *Sarvadhikari* damit, in der Alten Halle Steinplatten des Fußbodens zu entnehmen, um in der Neuen Halle den Umbau vorzunehmen. Auch dagegen erhob Bhagavan Einwände.

Am 1. Januar 1950 gegen 21 Uhr beschloss Bhagavan deshalb, das kleine Zimmer neben der Toilette als sein ständiges Schlafzimmer zu benutzen, und zog sofort mit Hilfe der schweigenden Gehilfen von der Apotheke, wo er seit dem 19. Dezember 1949 war, dorthin um. Er überquerte nie wieder die steinerne Türschwelle, was einen an die Stadt Dwaraka erinnert, die von Krishna verlassen worden war.

Tagsüber wurde Bhagavans Sofa in dem niederen Durchgang des kleinen Schlafzimmers aufgestellt, wo er ab dem 2. Januar den Devotees *darshan* gab, die zu Hunderten herbeiströmten.

Was mit Bhagavans Körper in den dreieinhalb Monaten, die folgten, geschah, ist öffentlich bekannt. Es wurde in den Zeitungen, den Publikationen des Ashrams und von den Devotees, die bis zuletzt zweimal täglich seinen *darshan* hatten, im und um den Ramanashram herum bekannt gegeben. Alle bekräftigten, dass der Ramanashram seine Pflicht wie erwartet erfüllt hatte und nichts anderes hätte tun können, da zur rechten Zeit keine anderen Behandlungsmethoden zur Verfügung standen. Abgesehen davon haben wir als ergebene Schüler Bhagavans seinen Glauben zu teilen, dass alles so geschah, wie die Vorsehung es bestimmt hat, durch das Handeln eines harten Schicksals, und wir sollten Bhagavan dankbar dafür sein, dass seine Gegenwart immer noch von alten und neuen Devotees gleichermaßen erfahren wird, sogar von einigen, die nicht zu der Zeit geboren wurden, als er noch als reine Erkenntnis und ewige Seligkeit im Körper war.

Jene, die den Ashram nach dem *Mahanirvana* Bhagavans besucht haben, wissen, dass die Alte Halle seitdem zur heiligsten Meditationshalle des Ashrams geworden ist wegen ihrer längsten Verbindung mit dem Meister. Sie hat als Empfangshalle, Schlafzimmer, Büro, Studierzimmer und als das Gefäß seiner sublimen Lehre gedient. Und wenn man die Augen erhebt und sein lebensgroßes Foto auf derselben Couch, die er benutzt hat, sieht, das, wie er, an denselben Kissen lehnt, die seinen Rücken und seine Glieder für viele Jahre gestützt haben, überwindet man die Illusion von Zeit und Raum und hat das Gefühl, als sei er tatsächlich auch physisch hier. Man kann dann nicht anders, als ihm, der Bhagavan Ramana Arunachala, der Guru der Gurus, das höchste Bewusstsein und die personifizierte Gnade genannt wird, in Liebe und Verehrung zu antworten.

OM TAT SAT

abhishekam: Ritus, bei dem Milch, Ghee, Rosenwasser usw. über ein Götterbildnis geschüttet werden

Advaita: wörtl.: nicht zwei; Lehre, dass *Brahman* mit *Atman* identisch ist und der Mensch in seinem wahren Wesen *Atman* ist

ahamkara: individuelles Ich-Empfinden, das Ego

ajnana: Unwissenheit. Die Vorsilbe ›a‹ ist negativ; wörtlich: Mangel an Kenntnis

ajnani: der Unwissende

antahkarana: das innere Organ, der Geist. Es wird auch von fünf inneren Organen gesprochen: 1. Wissen (*jnana*), 2. Geist (*manas*), 3. Intellekt (*buddhi*), 4. Erinnerung (*chitta*) und 5. Ego (*ahamkara*).

arati: das Schwenken von Lichtern vor der Gottheit während der *puja*

Atma(n): Selbst

atma vidya: Selbsterkenntnis

Bhagavan: der Erhabene, der Heilige; ist sowohl als Anrede einer Gottheit als auch als Anrede des Gurus gebräuchlich. In ihr drückt sich die besondere Verehrung des Schülers seinem Meister gegenüber aus.

bhajans: Lobpreis Gottes in Form von gemeinsam gesungenen Liedern

Bhakta: Anhänger, Verehrer, Devotee, jemand, der sich Gott durch Liebe und Verehrung nähert

bhakti: Liebe, Verehrung

Brahman: die höchste Wirklichkeit

buddhi: subtiler Verstand

chit: Bewusstsein, s. a. *sat-chit-ananda*

darshan: wörtlich: Schau. Den *darshan* eines Weisen zu erhalten bedeutet, die Gnade seiner Gegenwart zu genießen.

dhyana: Meditation, Kontemplation

granthi: Knoten

griha-pravesham: Einweihungsfeier eines Hauses

Ishwara: Gott, das höchste Sein in seinem Aspekt als Herr aller Schöpfung

jagrat: Wachzustand

japa: Wiederholung eines heiligen Wortes, einer heiligen Silbe oder des Namens Gottes

jiva: die individuelle Seele, das Ego

jnana: Erkenntnis

Jnani: der selbstverwirklichte Weise

kaivalya: höchste Befreiung, Alleinheit

Karma: Das Schicksal, das sich der Mensch selbst durch das Gesetz von Ursache und Wirkung bereitet; auch: Handlung, Tat, Werke, das Ergebnis von Handlungen

Kartikai Deepam: Lichtfest auf dem Arunachala im Monat *Kartikai*, bei dem sich *Shiva* als Feuer-*Lingam* manifestiert

Kevala Samadhi: Samadhi, in dem die Tätigkeiten des Körpers und Geistes nur zeitweilig untergetaucht sind

kosha: Hülle

Kumbhabhishekam: Ritus zur Einweihung eines Tempels

leela: Spiel, Sport

Lingam: Zeichen *Shivas,* ein oben abgerundeter Stein

Mahanirvana: das große Verlöschen; hier: Tod eines großen Menschen

Maharshi: großer *rishi* (Seher oder Weiser)

maya: Illusion, die Kraft, die *Brahman* innewohnt und durch die sich die Welt manifestiert

moksha: Befreiung, spirituelle Freiheit

mukta: Befreiter

mukti: Befreiung, spirituelle Freiheit

nadi: Nerv im Yoga

Nirvana: Befreiung

Nirvikalpa Samadhi: die höchste Stufe der Konzentration, in der die Seele alles Empfinden verliert, vom universalen Selbst unabhängig zu sein. Es ist ein zeitlich begrenzter Zustand, nach dem das Ich-Bewusstsein zurückkehrt.

Paramahamsa: Ehrentitel für einen spirituellen Hindu-Lehrer

Paramatman: das höchste Selbst

Parayanam: Singen der *Veden* und anderer religiöser Texte

pradakshina: Umrundung einer heiligen Person oder eines heiligen Ortes

prana: Lebensenergie, Lebenskraft, Atem, aufsteigende Luft

prarabdha: der Teil des Karmas, der in diesem Leben abgearbeitet wird

prasadam: Gnade; rituelle Gabe, geweihte Speise, die einem Heiligen, Guru oder Gott dargebracht und dem Gläubigen zurückgereicht wird

puja: zeremonieller Gottesdienst mit Blumen, Wasser etc.

Puranas: eine Klasse heiliger Texte aus dem 6. bis 16. Jh. n. Chr., beinhalten umfangreiche Legendensammlungen der drei Hauptgötter *Vishnu, Shiva* und *Brahma*

rajas: eine der drei ursprünglichen Prinzipien, Leidenschaftlichkeit

rishi: Seher, Weiser

sadhaka: spirituell Suchender; einer, der einer spirituellen Methode folgt

sadhana: Methode spiritueller Praxis, geistige Suche, geistiger Weg, die Technik des spirituellen Bemühens

Sahaja Samadhi: natürliches *Samadhi*, das immer gegenwärtig ist und keine Trance oder Ekstase benötigt, sondern mit dem vollen Gebrauch der menschlichen Fähigkeiten vereinbar ist; der Zustand des *Jnani*

Saiva Siddhanta: entspricht dem tantrischen Shivaismus, eine dualistische Philosophie, die *bhakti* lehrt

sahasrara: tausendblättriger Lotus; das Zentrum der Erleuchtung, das beim Yoga oben am Kopf erfahren wird

Samadhi: Versinken in das Selbst mit oder ohne Trance und Verfügbarkeit der menschlichen Fähigkeiten; auch Grab

sanga: Gemeinschaft

sankalpa: Wille, mentale Aktivität, Gedanke, Neigung, Anhaftung

sannyasin: Asket, einer, der dem vierten Lebensstadium angehört

Sarvadhikari: Ashram-Verwalter, hier Sri Niranjanananda, Sri Ramanas jüngerer Bruder (auch als Chinnaswami, jüngerer Swami, bekannt)

sat: reines Sein, (s. *sat-chit-ananda*)

sat-chit-ananda: Sein-Bewusstsein-Seligkeit

satsanga: Gemeinschaft mit dem Weisen

Savikalpa Samadhi: Zustand der Konzentration, in welchem der Unterschied zwischen dem Wissenden, dem Wissen und dem zu Wissenden noch nicht verloren gegangen ist

shakti: Kraft, Energie, auch Göttin *Shakti*

shunya: Leere

shraddha-Zeremonie: Zeremonie beim einjährigen Todestag einer Person

siddhi: übernatürliche Kräfte; Verwirklichung

sphurana: vibrieren

Sri Chakra: ein mystisches Diagramm

Subrahmanya: Sohn Shivas und Parvatis

Sushumna nadi: Zentralkanal entlang der Wirbelsäule

svapna: Traum

tamas: Dunkelheit, Unwissenheit; eine der drei ursprünglichen Prinzipien; das Prinzip der Trägheit *tapas:* Buße oder Enthaltsamkeit

turiya: der vierte Zustand jenseits von Wachen, Traum und Tiefschlaf

upadesa: spirituelle Unterweisung

Vanaprashta: die dritte Lebensphase des Lebens in Entsagung, die auf *Brahmacharya* (die ehelose Zeit als Schüler), Grihashta (die Zeit in Ehe und Familie) folgt.

vasana: geistige Gewohnheit

Veda-Patasala: Veda-Schule für Jungen im Ashram, die das *Parayanam* singen

vichara: Ergründung, Unterscheidung

videhamukti: Befreiung nach dem Tod

vritti: Gedankenbewegung, intellektueller Erkenntnisvorgang des Geistes

Yagna: Opferfeuer-Zeremonie

Yajur Veda: enthält vorwiegend Mantren zur Begleitung ritueller Verehrung

Yatra: Pilgerreise

LITERATURVERZEICHNIS

Ebert, Gabriele: Ramana Maharshi: sein Leben. – 2. Aufl., Norderstedt, 2011

Ebert, Gabriele: Ramana Maharshi und seine Schüler: Band 2. – Norderstedt, 2017 (darin der Artikel über S.S. Cohen, S. 211-223)

Ramana Maharshi: Die Gesammelten Werke, Norderstedt, 2019

Ramana Maharshi: Über die Wirklichkeit: Vierzig Verse mit Ergänzungsversen, Norderstedt, 2015

Sadhu Arunachala (A.W. Chadwick): Ramana Maharshi: Erinnerungen eines Sadhus. – 2. Aufl., Norderstedt, 2017

S.S. Cohen: Von der Illusion zur Wirklichkeit, Interlaken, 1998